Dominar el diseño de UX

Explorar tendencias futuras y dominar el proceso

Escrito por Louie Hawking
Publicado por Cornell-David Publishing House

Índice

4.1 El papel de los wireframes en el diseño de UX

¿Qué son los Wireframes?

Capítulo 1: La evolución del diseño UX

El diseño de experiencia de usuario (UX) ha experimentado una evolución significativa en las últimas décadas, afectando tanto al panorama empresarial como a la industria del diseño. Este capítulo explora la historia del diseño de UX, sus hitos clave, las fuerzas impulsoras que llevaron a su prominencia y los primeros enfoques que allanaron el camino para las mejores prácticas de UX de hoy. Comprender cómo evolucionó el diseño de UX y adaptarse a las tendencias futuras es crucial para convertirse en un maestro en el campo.

Los orígenes del diseño UX

El diseño UX, como concepto, existía mucho antes de que se convirtiera en una disciplina ampliamente reconocida. Las semillas del Diseño UX se remontan a la Revolución Industrial cuando la producción en masa de bienes de consumo enfatizó la importancia de la usabilidad y el diseño centrado en el ser humano.

A principios de la década de 1900, ingenieros industriales como Frederick Winslow Taylor y Frank y Lillian Gilbreth comenzaron a explorar cómo el diseño de flujos de trabajo y la organización de espacios físicos podrían afectar la productividad y la satisfacción de los trabajadores. Su investigación sentó las bases para lo que eventualmente se convertiría en la ingeniería de factores humanos (HFE) y la ergonomía modernas.

Emergencia de la Psicología Cognitiva y la Interacción Informática

Aunque de alcance limitado, el trabajo de los primeros ingenieros industriales presagió los principios de diseño de UX de hoy, cuyo objetivo es crear productos y sistemas que funcionen de manera eficiente, eficaz y satisfagan las necesidades de los usuarios.

Durante las décadas de 1950 y 1960, el surgimiento de la psicología cognitiva y la teoría del procesamiento de la información comenzaron a remodelar el panorama. La creciente disponibilidad y capacidad de las computadoras digitales desencadenó la necesidad de investigar la interacción humano-computadora (HCI).

Pioneros como Paul Fitts, que anteriormente había trabajado en ergonomía física, comenzaron a explorar cómo las personas interactuaban con las interfaces de las computadoras. La Ley de Fitts, que predice la curva de aprendizaje humano para las interfaces, se convirtió en una de las piedras angulares de HCI.

Alrededor de este tiempo, el trabajo del psicólogo Donald Norman en ciencia cognitiva, ingeniería de usabilidad y diseño centrado en el ser humano subrayó aún más la importancia de diseñar para los humanos. Su libro "El diseño de las cosas cotidianas" presentó un caso convincente de la importancia de la usabilidad en el diseño de productos, y más tarde pasó a acuñar el término "Experiencia del usuario".

El nacimiento del diseño UX como disciplina

Desde los primeros días de la computación digital, quedó claro que los humanos debían estar en el centro del proceso de diseño para utilizar de manera efectiva estas novedosas herramientas digitales. A medida que la computadora personal se hizo ampliamente accesible en la década de 1980, las empresas se dieron cuenta de que un enfoque centrado en el usuario era fundamental para su éxito. Esto marcó el comienzo del diseño centrado en el usuario (UCD) y el surgimiento del diseño UX como disciplina.

El Macintosh de Apple, lanzado en 1984 con su interfaz gráfica de usuario (GUI), estableció un nuevo estándar para la informática personal fácil de usar.

Además, los nuevos paquetes de software para autoedición y gráficos aumentaron la necesidad de diseñadores y artistas en la industria de la tecnología.

Durante la década de 1990, el auge de la World Wide Web y, más tarde, los teléfonos móviles ampliaron el alcance de las interfaces digitales e hicieron del diseño UX una necesidad. Esto, a su vez, condujo al desarrollo de varios métodos de diseño, como el diseño de interacción (IxD), la arquitectura de la información (IA) y el diseño visual.

La maduración del diseño y los enfoques de UX

A medida que se expandió el panorama digital y se hizo más clara la importancia del diseño UX, comenzaron a surgir nuevas técnicas y enfoques:

- **Evaluaciones de usabilidad** : empresas como IBM y Nielsen Norman Group de Jakob Nielsen establecieron firmemente la importancia de las evaluaciones de usabilidad en el proceso de diseño de productos digitales. Esto condujo a una variedad de métodos (evaluaciones heurísticas, recorridos cognitivos y pruebas de usabilidad) destinados a identificar y abordar problemas de usabilidad al principio del proceso de diseño.
- **Diseño centrado en el usuario (UCD)** : el estándar ISO 9241 para la ergonomía de la interacción humano-computadora solidificó aún más el desarrollo de UX, reconociendo el diseño centrado en el usuario como un componente esencial. UCD enfatizó métodos consistentes de investigación y medición a lo largo del proceso de diseño,

centrándose en comprender las necesidades y preferencias de los usuarios.

- **UX Agile y Lean** : A medida que los métodos de desarrollo de software evolucionaron y adoptaron metodologías Agile, los diseñadores de UX adaptaron sus procesos para que fueran más flexibles, iterativos y en línea con los principios Agile. Lean UX, un enfoque más optimizado para el diseño de UX, surgió como una forma de brindar valor a los usuarios de manera rápida y rentable.
- **Evolución de los métodos de investigación de UX** : el diseño de UX evolucionó más allá de la simple evaluación de interfaces, cambiando hacia un enfoque más general y sistemático. Las nuevas metodologías de investigación, como la etnografía, los estudios diarios y la clasificación de tarjetas, comenzaron a afianzarse, priorizando la recopilación de datos empíricos para informar el proceso de diseño.
- **Proliferación de roles de diseño de UX** : a medida que el diseño de UX maduró, aumentó la cantidad de roles especializados dentro de la disciplina. Diseñadores de interacción, arquitectos de información, investigadores de UX y estrategas de contenido convirtieron el diseño de UX en un campo multidisciplinario.

Diseño UX hoy y tendencias futuras

Hoy, UX Design se ha convertido en un componente esencial en el desarrollo de productos digitales, dando forma a negocios completos y transformando las interacciones de los usuarios. Muchas empresas han ampliado su comprensión del Diseño UX más allá de simplemente hacer que los productos sean funcionales y estéticamente atractivos, enfatizando su papel vital en la creación de experiencias agradables y el mantenimiento de la lealtad del cliente.

A medida que avanzamos, dominar el proceso de diseño de UX requiere adaptarse a las tecnologías y tendencias emergentes, tales como:

- **Diseño de UX para asistentes de voz y chatbots** : la creciente prevalencia de asistentes de voz y chatbots impulsados por IA ha ampliado la definición de una interfaz de usuario, lo que ha llevado a los diseñadores de UX a considerar estrategias y enfoques novedosos para la interacción del usuario.
- **Diseño emocional y empatía** : definir una experiencia de usuario emocionalmente resonante e impactante va más allá de garantizar que un producto sea funcional y fácil de usar. Cada vez más, se pide a los diseñadores de UX que tengan en cuenta los estados emocionales y las reacciones de los usuarios para crear experiencias que sean genuinamente agradables y que fomenten conexiones duraderas con las marcas.
- **Diseño accesible e inclusivo** : garantizar que los productos digitales sean accesibles para los usuarios con una variedad de habilidades es esencial tanto por razones éticas como comerciales. El diseño inclusivo va más allá de cumplir con las pautas de accesibilidad, ya que requiere que los diseñadores de UX se involucren activamente con diversos grupos de usuarios durante todo el proceso de diseño.
- **Diseño de UX para tecnologías emergentes** : la realidad aumentada, la realidad virtual y el Internet de las cosas están marcando el comienzo de una nueva

era de interacción entre humanos y computadoras. Los diseñadores de UX deben estar atentos a estos desarrollos y adaptar sus procesos, métodos y habilidades en consecuencia para mantenerse a la vanguardia de la disciplina.

1.1 Los orígenes del diseño de la experiencia del usuario

El diseño de la experiencia del usuario (UX), en su definición más simple, tiene como objetivo mejorar la satisfacción del usuario mejorando la usabilidad, la accesibilidad y el placer proporcionado en cualquier interacción entre los usuarios y un producto o servicio. Este campo relativamente joven, al menos como una práctica profesional reconocida, tiene raíces que se remontan a la historia humana, donde las personas siempre se han esforzado por crear herramientas más cómodas, utilizables e intuitivas para mejorar sus vidas.

Para comprender completamente los orígenes del diseño de UX, primero exploremos las diversas disciplinas que allanaron el camino para su desarrollo y luego describamos algunos hitos clave a lo largo de la historia que llevaron a la creación de esta profesión multifacética y esencial.

Disciplinas clave que influyen en el diseño de UX

El diseño de UX es una disciplina interseccional, que deriva conocimiento e inspiración de muchos campos diferentes. Éstas incluyen:

1. **Ergonomía y factores humanos** : centrada en diseñar herramientas e interfaces que se ajusten al cuerpo humano, la mente y los principios de percepción, la ergonomía ha sido un punto de partida esencial para el diseño de UX. Este campo se refiere a menudo como la primera aplicación práctica de la psicología a la vida de las personas.
2. **Interacción humano-computadora (HCI)** : una de las primeras disciplinas en informática, HCI fusionó los campos de la informática, la psicología cognitiva y la ingeniería para estudiar y diseñar las formas en que los usuarios pueden interactuar de manera más efectiva con los sistemas informáticos.
3. **Diseño industrial** : el campo del diseño industrial se centra en la creación de productos y sistemas funcionales que sean visualmente atractivos y prácticos. Los diseñadores industriales siempre han considerado las necesidades y los deseos de los usuarios al desarrollar sus productos, lo que ayuda a sentar las bases para los principios de diseño de UX.
4. **Psicología cognitiva** : la psicología cognitiva estudia la forma en que los humanos procesan la información, perciben su entorno y resuelven problemas. Los fundamentos de la psicología cognitiva, incluidos los modelos mentales, la memoria, la atención y el razonamiento, han tenido un impacto significativo en el desarrollo del diseño de UX.

5. **Diseño gráfico** : la armonía visual, la estética y la
eficacia de la comunicación del diseño gráfico han
contribuido a las consideraciones de los diseñadores
de UX al crear el atractivo visual y la legibilidad de las
interfaces.

6. **Diseño de interacción** : una disciplina centrada
en definir la estructura y el comportamiento de los
sistemas interactivos, el diseño de interacción juega
un papel importante en la experiencia del usuario. Su
objetivo es crear relaciones significativas entre los
usuarios y la tecnología mediante el diseño de
interacciones atractivas, intuitivas y accesibles.

Pioneros e hitos en la historia de UX

Varias personas e hitos clave a lo largo de la historia
han influido significativamente en el desarrollo del
diseño de UX. Algunos de los más notables incluyen:

1. **Leonardo da Vinci (1452-1519)** : los estudios de
anatomía humana, proporciones y ergonomía de Da
Vinci sentaron las bases para muchos principios de
diseño moderno. Su famoso dibujo, el Hombre de
Vitruvio, ejemplifica la importancia de la proporción y
el equilibrio en el diseño.

2. **Frederick Winslow Taylor (1856-1915)** :
Conocido como el padre de la administración
científica, Taylor trabajó diligentemente para
optimizar los procesos industriales para lograr la
máxima productividad. Sus estudios de tiempo-
movimiento y principios de eficiencia sentaron las
bases para considerar cómo las personas
interactuaban con las máquinas y los sistemas.

3. **Walt Disney (1901-1966)** : las ideas innovadoras de Disney para crear experiencias inmersivas en parques temáticos, como Disneyland, demostraron la importancia de diseñar experiencias anticipando las necesidades y los deseos de los usuarios. Su enfoque en la narración de historias y el diseño centrado en el usuario lo convirtieron en uno de los primeros pioneros en el diseño de UX.

4. **Henry Dreyfuss (1904-1972)** : diseñador industrial, Dreyfuss enfatizó la importancia de la ergonomía y el diseño pensando en el usuario. Su trabajo en diseños de teléfonos, como el Western Electric Model 500 y el Princess Telephone, fueron excelentes ejemplos de diseño centrado en el usuario.

5. **Don Norman (1935-Presente)** : Psicólogo cognitivo, Don Norman acuñó el término "experiencia del usuario" y ha sido fundamental para traer el campo a la vanguardia. Su libro, "El diseño de las cosas cotidianas", sigue siendo un clásico del diseño de UX y aboga por los principios de diseño centrados en el usuario y la comprensión de cómo piensan y se comportan los usuarios.

6. **Alan Cooper (1952-presente)** : Conocido como "el padre de Visual Basic", Cooper introdujo el concepto de "personajes", que ayudan a los diseñadores a centrarse en grupos de usuarios específicos al diseñar productos. Su libro, "About Face: The Essentials of Interaction Design", es otro trabajo fundamental en el campo del diseño de UX.

La World Wide Web y más allá

El surgimiento de la World Wide Web a principios de la década de 1990 marcó un punto de inflexión en el desarrollo del diseño de UX. A medida que Internet se hizo más frecuente, se volvió esencial que los sitios web y las aplicaciones web fueran fáciles de usar y de navegar. Esta necesidad condujo al establecimiento del diseño de UX como una profesión reconocida, y la demanda de diseñadores de UX ha seguido creciendo desde entonces.

Hoy, el diseño de UX se ha expandido más allá del diseño web y abarca todo el mundo digital, desde aplicaciones móviles hasta experiencias de realidad virtual. A medida que la tecnología continúa evolucionando rápidamente, los diseñadores de UX deben mantenerse al día con las últimas tendencias y adaptar sus habilidades para mantenerse a la vanguardia.

Conclusión

Los orígenes del diseño de la experiencia del usuario se pueden rastrear a lo largo de la historia humana, a través de hitos e individuos pioneros, y en varias disciplinas superpuestas. Como resultado, el diseño de UX es un campo en constante evolución que abarca una amplia gama de herramientas, técnicas y metodologías. Al comprender sus orígenes, podemos apreciar mejor cuán diverso es el panorama del diseño de UX y continuar dando forma al futuro de la tecnología, manteniendo a los usuarios en el centro del proceso de diseño.

1.2 El auge de las interacciones digitales

En las últimas décadas, el mundo ha experimentado un cambio dramático en la forma en que las personas interactúan con su entorno, gracias al advenimiento de las tecnologías digitales. Las interacciones digitales ahora se han convertido en una parte integral de nuestras vidas, influyendo y dando forma a nuestras experiencias en varios aspectos, como las comunicaciones, los negocios, la educación y el entretenimiento. Esta sección discutirá el auge de las interacciones digitales, las fuerzas impulsoras detrás de su crecimiento y su impacto significativo en el diseño de la experiencia del usuario (UX).

1.2.1 La evolución de las interacciones digitales

Las interacciones digitales han recorrido un largo camino desde sus inicios. Para poner este progreso en perspectiva, revisemos brevemente su evolución.

1.2.1.1 Primeros comienzos

La historia de las interacciones digitales comenzó con el desarrollo de las primeras computadoras electrónicas en las décadas de 1940 y 1950. Estos dispositivos se usaban principalmente para computación y no eran capaces de ningún tipo de interacción con los usuarios. La introducción de la interfaz gráfica de usuario (GUI) en la década de 1960 cambió las reglas del juego, ya que permitió a los usuarios interactuar con las computadoras mediante representaciones visuales en pantallas.

1.2.1.2 Aparición de Internet y la Web

La invención de Internet a fines del siglo XX revolucionó las interacciones digitales al proporcionar una plataforma para conectar computadoras y permitirles comunicarse. A medida que Internet evolucionó, también lo hicieron las interacciones digitales, con la World Wide Web (WWW) que hace posible que los usuarios accedan y compartan información de forma remota. Los sitios web comenzaron a volverse más interactivos a medida que los desarrolladores web comenzaron a experimentar con nuevas tecnologías como HTML, JavaScript y CSS para crear una amplia gama de experiencias de usuario.

1.2.1.3 Advenimiento de dispositivos móviles e inteligentes

El rápido crecimiento de los dispositivos móviles e inteligentes, como teléfonos inteligentes, tabletas y dispositivos portátiles, impulsó aún más el aumento de las interacciones digitales. Las interfaces de pantalla táctil permitieron a los usuarios interactuar de forma intuitiva y emocionante con el contenido digital, mientras que características como GPS, acelerómetros y cámaras abrieron nuevas posibilidades para experiencias personalizadas y conscientes del contexto. La llegada de las tiendas de aplicaciones hizo que la distribución y el consumo de productos digitales fueran más accesibles, lo que permitió a innumerables empresas e individuos mostrar sus ideas innovadoras al mundo.

1.2.2 Fuerzas impulsoras detrás del auge de las interacciones digitales

Varios factores han contribuido a la inmensa popularidad y adopción generalizada de las interacciones digitales. Algunos de los influencers clave son:

1.2.2.1 Avances tecnológicos

El rápido ritmo de la innovación tecnológica ha brindado herramientas poderosas a los desarrolladores y diseñadores para crear experiencias digitales sólidas y atractivas. Por ejemplo, los avances en las API web (interfaces de programación de aplicaciones) permiten que las aplicaciones web accedan a funciones de hardware y software específicas del dispositivo, lo que permite experiencias digitales más ricas e interactivas.

1.2.2.2 La necesidad de eficiencia y productividad

Las interacciones digitales ofrecen varias ventajas sobre sus contrapartes tradicionales, incluida la velocidad, la comodidad y la precisión. Estos beneficios han llevado a las organizaciones a digitalizar sus procesos, lo que se ha traducido en una mayor demanda de soluciones digitales interactivas.

1.2.2.3 La omnipresencia de los dispositivos digitales

Dada la ubicuidad de los dispositivos digitales en el mundo actual, es natural que los usuarios se inclinen por las interacciones digitales.

1.2.2.4 Cambio en las expectativas del usuario

A medida que los usuarios se acostumbran a las interacciones digitales, aumentan sus expectativas de experiencias de usuario fluidas y agradables. Estas expectativas cambiantes aumentan la demanda de productos y servicios digitales de alta calidad.

1.2.3 Impacto en el diseño de UX

El aumento de las interacciones digitales ha influido significativamente en el diseño de UX, con algunos efectos notables:

1.2.3.1 Ampliación del alcance del diseño de UX

La creciente popularidad de las interacciones digitales ha ampliado el alcance del diseño de UX a varios dominios, incluidos el comercio electrónico, la atención médica, las finanzas y la educación. Además, los diseñadores se enfrentan continuamente al desafío de explorar e innovar nuevos métodos de interacción, como controles de voz y gestos.

1.2.3.2 Centrarse en el diseño centrado en el usuario

La creciente demanda de productos digitales ha resaltado la importancia de crear experiencias de usuario que no solo sean funcionales sino también agradables y atractivas. En consecuencia, los diseñadores deben adoptar un enfoque de diseño centrado en el usuario, aprovechando la investigación del usuario, el análisis competitivo y la empatía para crear experiencias que deleiten a los usuarios.

1.2.3.3 Mayor importancia de la accesibilidad y la inclusión

A medida que las interacciones digitales se han convertido en la norma, ha cobrado importancia la necesidad de garantizar que estas interacciones sean accesibles e inclusivas para todos los usuarios. Diseñar para usuarios con discapacidades requiere que los diseñadores prioricen la accesibilidad y la inclusión, adoptando los principios de diseño universal y las mejores prácticas.

1.2.3.4 Auge de la colaboración y la comunicación

Con productos digitales complejos que a menudo requieren la experiencia de equipos multidisciplinarios, se ha puesto un mayor énfasis en la colaboración y comunicación entre diseñadores, desarrolladores, gerentes de productos y otras partes interesadas en el proceso de desarrollo.

En conclusión, el auge de las interacciones digitales ha tenido un efecto profundo en el diseño de UX, lo que exige que los diseñadores se adapten y evolucionen en respuesta al panorama cambiante de las interacciones entre humanos y computadoras. Al comprender y adoptar estos cambios, los diseñadores pueden navegar con éxito en el mundo en constante evolución de la tecnología digital y ofrecer experiencias de usuario atractivas.

1.3 El impacto de la tecnología móvil

La tecnología móvil ha transformado fundamentalmente la forma en que experimentamos el mundo. En esta era digital, los teléfonos inteligentes y las tabletas se han convertido en una parte esencial de nuestra vida cotidiana. Con la rápida expansión de la tecnología móvil, los diseñadores de UI/UX deben mantenerse a la vanguardia y comprender la influencia de estos avances en la experiencia del usuario. En esta sección, exploraremos el impacto de la tecnología móvil en el diseño UX, los desafíos que enfrentan los diseñadores y las tendencias futuras en la experiencia del usuario móvil.

1.3.1 Penetración de dispositivos móviles

Según estadísticas recientes, hay más de 6 mil millones de usuarios de teléfonos inteligentes en todo el mundo, y este número sigue creciendo. Los dispositivos móviles han penetrado tan profundamente en nuestras vidas que han cambiado fundamentalmente nuestras expectativas sobre cómo nos comunicamos, trabajamos, compramos y jugamos. Esta adopción generalizada ha obligado a los diseñadores de UX a colocar la experiencia móvil al frente de su proceso de diseño.

El uso cada vez mayor de dispositivos móviles ha fomentado el desarrollo de varias aplicaciones móviles, sitios web y plataformas optimizadas para la interacción móvil. En consecuencia, los diseñadores de UX deben aprovechar los atributos y comportamientos únicos de la tecnología móvil al diseñar estas experiencias centradas en dispositivos móviles.

1.3.2 El enfoque móvil primero

Dado que la mayoría del tráfico en línea ahora se genera desde dispositivos móviles, los diseñadores deben adaptar sus metodologías para centrarse en crear experiencias optimizadas para usuarios móviles. El enfoque móvil primero prioriza el diseño para dispositivos móviles antes de adaptar el diseño para pantallas más grandes.

La utilización de un enfoque móvil primero genera numerosos beneficios en el proceso de diseño. Alienta a los diseñadores a centrarse en lo que es realmente esencial para los usuarios, lo que da como resultado diseños más limpios y eficientes. Además, al comenzar con una restricción como tamaños de pantalla más pequeños, los diseñadores deben priorizar los objetivos principales del usuario para cada interacción.

1.3.3 Interacción táctil y gestos

Una diferencia obvia entre los dispositivos móviles y de escritorio es la forma en que los usuarios interactúan con ellos. Mientras que los usuarios de escritorio confían en las entradas del mouse y el teclado, los dispositivos móviles dependen de las interacciones táctiles. Por lo tanto, los diseñadores deben considerar las implicaciones únicas de la interfaz táctil al diseñar experiencias de aplicaciones móviles.

Diseñar para interacciones táctiles implica comprender los tipos de gestos que hacen los usuarios en las pantallas móviles, como tocar, deslizar, pellizcar o sostener. Los diseñadores también deben tener en cuenta las limitaciones físicas de las pantallas táctiles, como el tamaño de los dedos y el tamaño del objetivo táctil. Además, las interacciones táctiles deben ser intuitivas, receptivas y accesibles para brindar una experiencia de usuario perfecta.

1.3.4 Diseño receptivo

Además de la interacción táctil, los diseñadores de UX deben lidiar con los diferentes tamaños de pantalla y resoluciones de los dispositivos móviles. El diseño receptivo permite que los sitios web y las aplicaciones se adapten automáticamente al tamaño de pantalla de los dispositivos de los usuarios, lo que garantiza una experiencia de usuario óptima en una amplia gama de dispositivos.

El diseño receptivo es crucial en la era de la tecnología móvil. Al crear una experiencia consistente en varios tamaños de pantalla, es menos probable que los usuarios encuentren problemas de usabilidad al cambiar entre dispositivos u orientaciones.

1.3.5 Aplicación móvil frente a web móvil

Otro desafío al que se enfrentan los diseñadores de UX es decidir entre diseñar aplicaciones móviles y experiencias web móviles. Si bien ambos son críticos, se adaptan a diferentes comportamientos de los usuarios y tienen diferentes requisitos de desarrollo.

Las aplicaciones móviles generalmente ofrecen funciones avanzadas, tiempos de carga rápidos y mejores opciones de personalización, mientras que las experiencias web móviles son más accesibles y fáciles de actualizar. Independientemente del formato elegido, los diseñadores de UX deben asegurarse de que sus diseños se alineen con las limitaciones y oportunidades únicas de cada entorno.

1.3.6 Consumo de batería y datos

Los dispositivos móviles a menudo tienen capacidades de batería y planes de datos limitados, lo que hace que los usuarios sean más conscientes del uso de su dispositivo. Como resultado, los diseñadores de UX deben optimizar la experiencia del usuario para minimizar el impacto de estas limitaciones.

El diseño para la eficiencia energética y de datos incluye la optimización de imágenes, la minimización de animaciones innecesarias y el suministro de señales visuales claras para indicar el uso de datos. En última instancia, es necesario un enfoque equilibrado para crear una experiencia placentera sin imponer una presión indebida sobre los recursos del dispositivo.

1.3.7 Tendencias futuras en diseño de experiencia de usuario móvil

En el panorama tecnológico en rápida evolución, se espera que el impacto de la tecnología móvil en el diseño de UX se profundice aún más. Las tendencias emergentes incluyen:

- Realidad aumentada y virtual: a medida que la tecnología AR y VR gana terreno, los diseñadores de UX deben explorar y experimentar más con estos medios, creando experiencias inmersivas y atractivas.
- Interfaces de usuario de voz: con la creciente popularidad de los asistentes de voz como Google Assistant, Alexa y Siri, los diseñadores de UX deben integrar las interacciones de voz en la experiencia general del usuario.
- Conectividad 5G: las conexiones móviles más rápidas y confiables permitirán experiencias multimedia más ricas y una latencia reducida, ampliando los límites de lo que los diseñadores pueden crear.
- Inteligencia artificial y aprendizaje automático: las experiencias inteligentes, personalizadas y adaptables impulsadas por tecnologías AI/ML se integrarán cada vez más en el diseño de UX móvil.

La tecnología móvil ya ha tenido un profundo impacto en el diseño de UX y, a medida que su influencia continúa creciendo, los diseñadores de UX tienen la responsabilidad de adaptarse e innovar constantemente para crear experiencias móviles excepcionales en el panorama digital en constante cambio.

1.4 La influencia de las redes sociales

En la era digital hiperconectada de hoy, las redes sociales se han convertido en un aspecto vital de nuestra vida diaria, afectando no solo nuestro estilo de comunicación sino también nuestras elecciones y preferencias. El surgimiento de plataformas de redes sociales como Facebook, Twitter, Instagram, LinkedIn y Pinterest ha creado un cambio masivo en la forma en que consumimos, compartimos e interactuamos con el contenido. En consecuencia, los profesionales del diseño de UX deben considerar la influencia significativa que las redes sociales tienen en su oficio, especialmente a medida que los consumidores dependen más de estas plataformas para acceder a información, conexiones y productos o servicios. En esta sección, profundizaremos en las formas en que las redes sociales dan forma a los aspectos del diseño de UX y cómo los diseñadores pueden adaptarse a estos nuevos medios para crear una experiencia de usuario más significativa y atractiva.

1.4.1 Integración de elementos de redes sociales en el diseño de UX

Los diseñadores de experiencia de usuario ya no pueden darse el lujo de ignorar las redes sociales al diseñar productos o experiencias digitales. Dada la enorme base de usuarios y las infinitas oportunidades de participación, la integración de la funcionalidad de las redes sociales en las aplicaciones web y móviles se ha convertido en una práctica de diseño esencial. Ejemplos de tal integración han sido evidentes en:

- Agregar botones para compartir en redes sociales
- Incorporación de funciones de inicio de sesión social
- Integración de contenido generado por el usuario desde plataformas sociales

- Facilitar la atención al cliente en tiempo real a través de los canales de redes sociales.
- Implementación de elementos de diseño visual inspirados en las redes sociales

Al integrar estas características sociales, los diseñadores de UX deben tener en cuenta mantener la coherencia en sus elementos de diseño, garantizar una navegación e interacción fluidas y no abrumar a los usuarios con demasiadas opciones y notificaciones.

1.4.2 Análisis del comportamiento del usuario

Las redes sociales han brindado a los profesionales de UX información invaluable sobre las tendencias de comportamiento de los usuarios que se pueden utilizar al diseñar productos digitales. Estas plataformas ofrecen un tesoro de contenido, sentimientos, preferencias y deseos generados por los usuarios que pueden ayudar a comprender mejor las motivaciones y el comportamiento de los usuarios.

Al analizar cómo los usuarios interactúan con diferentes tipos de contenido, los diseñadores pueden tomar decisiones informadas sobre la presentación del contenido, la navegación, los patrones de interacción y las llamadas a la acción. Por ejemplo, Instagram ha provocado un aumento en la importancia del contenido visual y el diseño de la interfaz. Además, el enfoque de diseño móvil primero se ha vuelto cada vez más crítico ya que la mayoría de las interacciones en las redes sociales ocurren a través de dispositivos móviles.

1.4.3 Personalización

Las plataformas de redes sociales han dejado muy claro que la personalización ya no es una característica opcional sino un aspecto esencial para brindar experiencias de usuario atractivas. Los usuarios se han acostumbrado a recibir sugerencias de contenido personalizado, recomendaciones de amigos, fuentes de noticias y anuncios basados en sus intereses, actividades y conexiones en las redes sociales.

Para satisfacer esta expectativa de personalización del usuario, los diseñadores de UX deben considerar estrategias para ofrecer experiencias relevantes y personalizadas en sus diseños. Esto se puede lograr utilizando datos de usuario, intereses, historial de navegación e información demográfica. Además, es posible que los diseñadores de UX deban tener en cuenta la posible evolución de las preferencias de los usuarios a lo largo del tiempo, ya que la actividad de las personas en las redes sociales está sujeta a cambios.

1.4.4 Viralidad y compartibilidad

Una de las principales fuerzas impulsoras detrás del éxito de las redes sociales es el potencial para crear y compartir contenido viral. Este concepto de viralidad ha afectado el diseño de UX, ya que los diseñadores ahora priorizan la creación de contenido e interfaces fáciles de compartir que fomenten la participación viral.

Para diseñar para compartir, los profesionales de UX deben considerar factores como:

• Implementar opciones para compartir sin problemas (p. ej., botones para compartir en redes sociales)
• Incorporación de microinteracciones para fomentar la participación del usuario
• Facilitar la creación y el intercambio de contenido generado por el usuario
• Garantizar contenido atractivo (p. ej., títulos atractivos, formato fácilmente digerible)

1.4.5 Diseño Emocional y Empatía

En la era de las redes sociales, conectarse con los usuarios a nivel emocional se ha vuelto más importante que nunca. Los usuarios interactúan con las plataformas de redes sociales por varios motivos, como entretenimiento, educación, socialización o crecimiento personal. En consecuencia, los diseñadores de UX deben esforzarse por crear conexiones emocionales con su público objetivo y evocar emociones positivas a través de sus diseños.

Para lograr esto, los diseñadores pueden utilizar técnicas de narración de historias, imágenes cargadas de emociones o interacciones intuitivas mientras abordan los posibles puntos débiles con empatía, comprenden la importancia de los comentarios de los usuarios y adaptan sus diseños en consecuencia. El objetivo final debe ser fomentar un sentido de conexión y pertenencia con el usuario.

En conclusión, la influencia de las redes sociales se extiende mucho más allá de sus plataformas nativas;

su impacto se puede sentir en todo el panorama del diseño de UX. Para prosperar en esta era de conectividad y compromiso social, los profesionales del diseño de UX deben adaptarse, incorporando las lecciones aprendidas de las redes sociales y sus tendencias en rápida evolución. Al hacerlo, pueden crear experiencias digitales más significativas, atractivas y agradables que realmente resuenan con los usuarios en el mundo siempre conectado de hoy.

1.5 La convergencia de las experiencias físicas y digitales

A medida que continuamos navegando por el panorama de la tecnología y el diseño en rápida evolución, las distinciones entre los mundos físico y digital se vuelven cada vez más borrosas. Esta convergencia está dando forma a las formas en que interactuamos con productos, servicios y entre nosotros, creando nuevas oportunidades y desafíos para los diseñadores de UX en su búsqueda por crear experiencias de usuario atractivas y sin inconvenientes. En esta sección, exploraremos las diversas facetas de esta convergencia y cómo están influyendo en el futuro del diseño de UX.

1.5.1 Interfaces físicas y digitales

En el pasado, las interacciones con la tecnología a menudo se limitaban a distintos dispositivos físicos, como computadoras o teléfonos, que tenían interfaces separadas para entrada y salida. Sin embargo, los avances recientes en tecnologías multitáctiles, Internet de las cosas (IoT), interfaces de usuario de voz y realidad aumentada y virtual han introducido nuevas formas para que los usuarios interactúen con los contenidos y servicios digitales.

Estas tecnologías emergentes ofrecen oportunidades para crear interacciones más fluidas y naturales, a medida que disminuye la brecha entre los mundos físico y digital. Por ejemplo, los usuarios ahora pueden controlar sus dispositivos domésticos inteligentes a través de comandos de voz en lenguaje natural o interactuar con contenido digital en tiempo real mediante gestos y toques. Los diseñadores de UX deben adaptarse y aprender a diseñar para estos nuevos tipos de modelos de interacción, asegurándose de que las experiencias digitales que crean sean cohesivas y complementen sus contrapartes físicas.

1.5.2 Experiencias inmersivas

A medida que se profundiza la convergencia de las experiencias físicas y digitales, se pone un mayor énfasis en la creación de entornos inmersivos que involucran a los usuarios en un nivel más profundo. Las tecnologías de realidad aumentada (AR) y realidad virtual (VR) han madurado considerablemente en los últimos años, lo que permite diseñar experiencias que combinan los mundos real y digital de maneras ricas y atractivas.

Los diseñadores de UX que trabajan con estas tecnologías deben considerar las implicaciones de crear experiencias que no solo sean inmersivas sino también contextualmente relevantes y sensibles a los matices del mundo físico. Esto requiere una comprensión profunda del espacio físico y digital, la orientación del usuario y los factores ambientales, así como experiencia en diseño para crear interfaces e interacciones 3D.

1.5.3 Diseño basado en datos

La convergencia de las experiencias físicas y digitales también brinda un acceso sin precedentes a los datos de los usuarios, ya que los usuarios generan cantidades masivas de información al interactuar con productos y servicios tanto físicos como digitales. Los diseñadores de UX pueden aprovechar estos datos para informar y refinar sus diseños en tiempo real, lo que hace posible crear experiencias personalizadas y adaptables que respondan a las necesidades, preferencias y comportamientos de los usuarios individuales.

Sin embargo, el uso de datos en el diseño también conlleva importantes consideraciones éticas. Los diseñadores de UX deben asegurarse de ser transparentes y responsables en la recopilación y el uso de los datos de los usuarios, y deben priorizar la privacidad y la confianza del usuario cuando buscan utilizar los datos para mejorar la experiencia del usuario.

1.5.4 Experiencias multicanal

A medida que la línea entre las experiencias físicas y digitales continúa desdibujándose, los usuarios esperan cada vez más poder acceder e interactuar con los servicios a través de múltiples dispositivos y puntos de contacto. Esto presenta un desafío para los diseñadores de UX, quienes deben crear experiencias coherentes y consistentes que abarquen una variedad de plataformas y canales.

Para tener éxito en este esfuerzo, los diseñadores de UX deben tener una visión holística del viaje del usuario, asegurándose de que los elementos de diseño, la arquitectura de la información y los patrones de interacción que crean sean adaptables y escalables en diferentes contextos. Esto puede requerir la colaboración con otras disciplinas, como el diseño de servicios o el pensamiento sistémico, para garantizar que todo el ecosistema de un producto o servicio esté optimizado para una experiencia de usuario perfecta.

1.5.5 El futuro del diseño UX

A medida que la convergencia de las experiencias físicas y digitales continúa remodelando el mundo que nos rodea, los diseñadores de UX deben estar preparados para adaptarse y evolucionar para seguir siendo relevantes y exitosos. Esto requerirá no solo dominar nuevos conjuntos de habilidades y tecnologías, sino también adoptar una mentalidad de aprendizaje continuo y curiosidad.

Al hacerlo, los diseñadores de UX pueden ayudar a dar forma a un futuro en el que la tecnología y el diseño trabajen juntos para enriquecer nuestras vidas, en lugar de restarles valor, mientras navegamos por el panorama complejo y en constante cambio de la convergencia de experiencias físicas y digitales.

En conclusión, el futuro del diseño de UX depende en gran medida de la convergencia de experiencias físicas y digitales, y los diseñadores deben estar preparados para los desafíos y oportunidades que trae esta convergencia. Al comprender las tecnologías emergentes, crear experiencias inmersivas, aprovechar los datos de manera responsable, diseñar experiencias de canales cruzados y adoptar el aprendizaje continuo, los diseñadores de UX pueden dar forma al futuro de este emocionante campo y crear experiencias de usuario que cierren la brecha entre el mundo físico y el digital.

Capítulo 2: Comprender al usuario: la base del diseño de UX

2.1 Introducción

Para crear una excelente experiencia de usuario, es crucial comprender a las personas que utilizarán su producto o servicio. Este capítulo profundizará en la comprensión del usuario y cómo incorporar sus necesidades, deseos y expectativas en su proceso de diseño de UX. Después de leer este capítulo, comprenderá por qué es fundamental aprender sobre sus usuarios, los enfoques para recopilar datos de usuario, las herramientas y los métodos utilizados en la investigación de usuarios, y cómo analizar y aplicar este conocimiento para crear una mejor experiencia de usuario.

2.2 La importancia de entender al usuario

Comprender al usuario es la base del diseño de UX. Sin una comprensión clara de quiénes son sus usuarios, sus motivaciones y sus puntos débiles, tendrá dificultades para crear un producto o servicio que satisfaga sus necesidades y proporcione una experiencia positiva. Una comprensión profunda de sus usuarios le permitirá:

1. **Empatiza:** Comprender a tus usuarios te ayuda a desarrollar empatía hacia sus necesidades y desafíos. Esta empatía guía sus decisiones de diseño y le permite crear soluciones que abordan sus puntos débiles.
2. **Concéntrese en los problemas correctos:** cuando comprende las necesidades de su usuario, puede desarrollar características y funcionalidades que aborden directamente estas necesidades, lo que lleva a una mejor experiencia general del usuario.
3. **Probar y validar:** una comprensión de sus usuarios lo ayuda a identificar formas de probar y validar sus decisiones de diseño, asegurando que su producto resuene con su público objetivo.

2.3 Enfoques para recopilar datos de usuario

Existen varios enfoques para recopilar datos de usuario para comprender a su público objetivo. Algunos métodos comunes incluyen:

1. **Investigación primaria:** recopilación de datos directamente de los usuarios a través de entrevistas, encuestas y observaciones. Estos datos ayudan a los diseñadores a comprender las motivaciones, el comportamiento y las necesidades de los usuarios. La investigación primaria puede llevar mucho tiempo y ser costosa, pero proporciona información de primera mano sobre sus usuarios.
2. **Investigación secundaria:** recopilación de datos de fuentes existentes, como estudios académicos, informes de la industria y análisis de la competencia. Esta investigación puede proporcionar un contexto valioso y puede ser más rentable que la investigación primaria.
3. **Investigación cuantitativa:** uso de datos numéricos para identificar patrones en el comportamiento, las preferencias y las actitudes de los usuarios. La investigación cuantitativa se puede realizar a través de encuestas, análisis y otras fuentes de datos.
4. **Investigación Cualitativa:** Comprender a los usuarios a través de sus pensamientos, sentimientos y experiencias. La investigación cualitativa se puede realizar a través de entrevistas, grupos focales, estudios de observación y más.

Es importante usar una combinación de estos enfoques para obtener una comprensión integral de sus usuarios.

2.4 Herramientas y métodos para la investigación de usuarios

Existe una amplia gama de herramientas y métodos disponibles para ayudarlo a recopilar y analizar los datos de los usuarios. Algunos métodos populares de investigación de usuarios incluyen:

1. **Entrevistas con usuarios:** entrevistas individuales con usuarios para comprender sus motivaciones, necesidades y experiencias con su producto o servicio. Las entrevistas se pueden realizar en persona, por teléfono o mediante videollamadas. Los consejos para realizar entrevistas efectivas con los usuarios incluyen la creación de una guía de discusión, la elección de los participantes adecuados y el uso de técnicas de escucha activa.
2. **Encuestas y cuestionarios:** recopilación de comentarios de sus usuarios a través de encuestas en línea o en papel. Las encuestas pueden proporcionar datos cuantitativos, pero también pueden proporcionar información cualitativa a través de preguntas abiertas. Para crear una encuesta eficaz, asegúrese de que sus preguntas sean claras, imparciales y centradas en los objetivos de su investigación.
3. **Pruebas de usabilidad:** observar directamente a los usuarios mientras interactúan con su producto o prototipo para identificar cualquier problema o área de mejora. Las pruebas de usabilidad se pueden

realizar en persona, de forma remota o utilizando herramientas digitales. Al realizar pruebas de usabilidad, es crucial definir claramente sus objetivos, reclutar participantes que reflejen su público objetivo y establecer escenarios de tareas que reflejen situaciones del mundo real.

4. **Clasificación de tarjetas:** una técnica utilizada para recopilar información sobre cómo los usuarios clasifican y organizan la información. La clasificación de tarjetas se puede realizar utilizando tarjetas físicas o digitalmente utilizando un software especializado. Los conocimientos obtenidos de la clasificación de tarjetas se pueden utilizar para informar la arquitectura de información y la estructura de navegación de su producto.

5. **Desarrollo de personas:** creación de perfiles detallados de sus usuarios objetivo en función de su investigación de usuarios. Las personas ayudan a los diseñadores a empatizar con sus usuarios y a tener en cuenta sus necesidades durante todo el proceso de diseño. Las personas efectivas incluyen información demográfica, objetivos, motivaciones y puntos débiles.

2.5 Análisis y aplicación de datos de usuario

Una vez que haya recopilado datos de usuario a través de varios métodos de investigación, es esencial analizar esta información y usarla para informar sus decisiones de diseño de UX. Estos son algunos consejos para analizar y aplicar los datos de los usuarios:

1. **Identifique patrones y tendencias:** busque temas comunes, así como cualquier valor atípico, en los datos que ha recopilado. Estos patrones y tendencias pueden ayudarlo a descubrir información sobre sus usuarios que se puede usar para dar forma a su diseño.

2. **Cree historias de usuarios:** las historias de usuarios son narraciones descriptivas de cómo los usuarios interactúan con su producto o servicio. Ayudan a su equipo a visualizar cómo sus decisiones de diseño afectarán la experiencia del usuario. Desarrolle historias de usuarios basadas en los conocimientos obtenidos de su investigación para guiar su proceso de diseño.

3. **Priorizar las necesidades de los usuarios:** es importante priorizar las necesidades de los usuarios en función de su importancia e impacto en la experiencia general del usuario. Utilice los conocimientos de su investigación para crear una lista priorizada de las necesidades de los usuarios para informar sus decisiones de diseño.

4. **Comunique los hallazgos a su equipo:** comparta los hallazgos de su investigación de usuario con su equipo para mantener a todos informados y alineados. Comunicar sus hallazgos ayuda a garantizar que sus decisiones de diseño se basen en los conocimientos de los usuarios y siempre se centren en brindar una mejor experiencia de usuario.

En conclusión, entender al usuario es la base del diseño UX. Al recopilar datos valiosos del usuario, aplicar métodos de investigación centrados en el usuario y aprovechar los conocimientos adquiridos, puede tomar decisiones de diseño informadas que aborden las necesidades del usuario y creen una experiencia de usuario positiva. La implementación de estas prácticas lo pondrá en el camino para dominar el diseño de UX y mantenerse a la vanguardia de las tendencias futuras.

2.1 La importancia de la empatía en el diseño

En un mundo cada vez más interconectado, donde diferentes culturas, orígenes y perspectivas chocan a diario, un elemento clave es esencial para sobresalir en el diseño de UX: la empatía. Una comprensión profunda de las emociones, necesidades y motivaciones de los usuarios es crucial al diseñar productos o servicios que satisfagan sus preferencias y creen experiencias significativas para ellos. La empatía no se trata solo de ponerse en el lugar del otro, sino también de comprender sus emociones, contextos y necesidades, y aplicar esa comprensión para impulsar las decisiones de diseño. En este capítulo, exploraremos por qué la empatía es vital, las estrategias para cultivarla y cómo aplicarla de manera efectiva en el diseño de UX.

2.1.1 Comprender la empatía en el diseño

La empatía es la capacidad de identificar y comprender los sentimientos, pensamientos y experiencias de los demás. Abarca tanto la empatía cognitiva, que implica reconocer y comprender el estado mental de alguien, como la empatía emocional, donde uno comparte y resuena con los sentimientos de una persona. En el contexto del diseño de UX, la empatía implica conectarse con el público objetivo para comprender sus perspectivas, sus puntos débiles y sus deseos, lo que permite a los diseñadores crear soluciones centradas en el ser humano que realmente aborden las necesidades del usuario.

Cuando los diseñadores aplican la empatía, crean productos o servicios que son útiles, relevantes y significativos para sus usuarios. Por el contrario, cuando la empatía está ausente, el proceso de diseño puede estar equivocado, dando paso a productos que no satisfacen las necesidades de los usuarios o incluso a frustraciones, lo que en última instancia dificulta el éxito de la solución.

2.1.2 Por qué es importante la empatía en el diseño de UX

El uso de la empatía en el diseño tiene varios beneficios, entre ellos:

1. **Creación de soluciones centradas en el usuario** : la empatía con los usuarios permite a los diseñadores descubrir puntos de dolor, deseos y motivaciones reales, lo que lleva a productos y servicios que realmente responden a los requisitos de los usuarios.
2. **Mejorar la accesibilidad** : Cultivar la empatía permite a los diseñadores considerar las necesidades de todos los usuarios potenciales, especialmente aquellos con discapacidades, asegurando que los productos y servicios sean inclusivos.

3. **Fomentar la innovación** : la empatía ayuda a descubrir las necesidades no satisfechas y los desafíos que enfrentan los usuarios, brindando oportunidades potenciales para la innovación y la resolución creativa de problemas.

4. **Generar confianza** : Demostrar empatía establece una conexión con los usuarios, haciéndolos sentir valorados y comprendidos, fomentando la confianza y la lealtad.

5. **Fomento de la colaboración** : un equipo de diseño imbuido de empatía fomenta la colaboración, la comunicación abierta y la inclusión, lo que lleva a una mejor toma de decisiones y resolución de problemas.

2.1.3 Cultivando la empatía en el diseño

Para incorporar la empatía de manera efectiva en el proceso de diseño de UX, considere las siguientes estrategias:

1. **Reúna diversas perspectivas** : involucre a miembros del equipo con diversos antecedentes, conocimientos o niveles de experiencia, para fomentar la exploración de diferentes puntos de vista, enriqueciendo el proceso de diseño.

2. **Adopte la investigación de usuarios** : Realice una investigación exhaustiva de los usuarios, incluidas entrevistas, observaciones, grupos focales y encuestas, para obtener una comprensión profunda de la audiencia objetivo y sus necesidades.

3. **Desarrolle personas** : cree personas realistas que representen a los usuarios típicos mediante el

uso de datos de investigación, lo que permite que el equipo se relacione mejor con los usuarios y mantenga sus necesidades a la vanguardia al tomar decisiones.

4. **Crea mapas de empatía** : Un mapa de empatía es una herramienta visual que ayuda a los equipos a comprender las emociones, pensamientos y experiencias de los usuarios en relación con tareas, situaciones o puntos débiles específicos, lo que facilita la identificación de oportunidades de mejora o innovación.

5. **Practique la escucha activa** : participe en la escucha activa durante las interacciones del usuario, esforzándose no solo por escuchar, sino también por comprender las emociones y motivaciones subyacentes, fomentando una comunicación abierta y honesta.

6. **Haga preguntas abiertas** : evite guiar o limitar las respuestas de los usuarios haciendo preguntas abiertas, que pueden revelar nuevos conocimientos y fomentar una comprensión más profunda.

7. **Realice prototipos y pruebas** : valide los supuestos de diseño y recopile comentarios a través de pruebas de usuarios, lo que permite la mejora continua y las iteraciones impulsadas por la empatía.

2.1.4 Aplicación de la empatía en el proceso de diseño de UX

Para incorporar la empatía en todo el proceso de diseño de UX, siga estos pasos:

1. **Investigación y descubrimiento de UX** : comience con una investigación exhaustiva de los

usuarios, dando forma a una comprensión empática de la audiencia objetivo, incluidos sus objetivos, motivaciones, puntos débiles y contextos.

2. **Análisis y síntesis** : analice los hallazgos de la investigación para identificar las necesidades, los problemas y las oportunidades clave de los usuarios, utilizando herramientas como personas, mapas de viaje o mapas de empatía para crear una comprensión compartida entre el equipo de diseño.

3. **Ideación y desarrollo de conceptos** : genere y evalúe ideas que aborden las necesidades y preferencias de los usuarios a través de lluvias de ideas colaborativas, bocetos o guiones gráficos, manteniendo la empatía en el centro de cada solución.

4. **Creación de prototipos y validación** : desarrolle prototipos y valídelos con los usuarios, iterando y refinando el diseño en función de sus comentarios, conocimientos basados en la empatía y alineación con objetivos y estrategias comerciales más amplios.

5. **Implementación y evaluación** : implemente el diseño final y continúe monitoreando su desempeño, aplicando conocimientos basados en la empatía para descubrir oportunidades de mejora, mejora o expansión.

Para concluir, la empatía es una habilidad fundamental para los diseñadores de UX, ya que fomenta la creación de soluciones centradas en el usuario que resuenan emocionalmente, satisfacen sus necesidades y generan experiencias memorables. Al cultivar la empatía e incorporarla en todo el proceso de diseño de UX, los diseñadores pueden mitigar los riesgos, impulsar la innovación y contribuir al éxito general de sus productos o servicios.

2.2 Métodos y técnicas de investigación de usuarios

La investigación de usuarios es el núcleo del diseño de UX, ya que le permite comprender a su público objetivo, sus necesidades, comportamientos y expectativas. La investigación de usuarios juega un papel fundamental en el diseño de productos y servicios centrados en el usuario que brindan experiencias agradables y sin inconvenientes. En esta sección, exploraremos varios métodos y técnicas de investigación de usuarios para recopilar información valiosa para informar su proceso de diseño.

2.2.1 Encuestas

Las encuestas son un método excelente para recopilar datos cuantitativos y cualitativos de un gran grupo de personas. Pueden ayudarlo a recopilar información sobre la demografía, las actitudes, las preferencias y las experiencias de sus usuarios. Las encuestas se pueden realizar a través de varios canales, como formularios en línea, correo electrónico o entrevistas cara a cara.

Consejos para diseñar encuestas efectivas:

1. **Establece objetivos claros** : define las metas que quieres lograr a través de la encuesta y estructura tus preguntas en consecuencia.

2. **Sea breve** : intente crear una encuesta que demore menos de 10 minutos en completarse. Las encuestas más largas dan como resultado tasas de respuesta más bajas y tasas de abandono más altas.

3. **Utilice un lenguaje sencillo** : evite la jerga, los términos técnicos y las frases complejas. Sus preguntas deben ser claras y fáciles de entender.

4. **Incluya preguntas abiertas** : las preguntas abiertas permiten a los participantes dar respuestas más elaboradas y proporcionar información más detallada.

5. **Realice una prueba previa de la encuesta** : Pruebe su encuesta con un grupo pequeño para identificar cualquier pregunta poco clara, errores o problemas técnicos.

2.2.2 Entrevistas

Las entrevistas son un método de investigación cualitativa que implica una conversación uno a uno entre el investigador y el usuario. Son ideales para explorar en profundidad las necesidades, deseos y experiencias de los usuarios. Las entrevistas pueden ser estructuradas, semiestructuradas o no estructuradas, según los objetivos de la investigación.

Consejos para realizar entrevistas efectivas:

1. **Prepárese** : Desarrolle una lista de preguntas de la entrevista de antemano que se alineen con los objetivos de su investigación.
2. **Construya una relación** : establezca una atmósfera amistosa y abierta, que alentará al participante a compartir sus pensamientos cómodamente.
3. **Sea neutral** : evite compartir sus opiniones o preguntas capciosas que puedan influir en las respuestas de los participantes.
4. **Escuche y pruebe** : Escuche activamente al usuario, valide sus pensamientos y haga preguntas de seguimiento para obtener información más profunda.
5. **Grabar y tomar notas** : Con el permiso del participante, grabe la entrevista para su posterior análisis y tome notas durante la conversación.

2.2.3 Grupos Focales

Los grupos focales involucran una discusión moderada entre un grupo de usuarios para explorar sus percepciones, opiniones y experiencias. Es un excelente método para explorar diversas perspectivas y generar ideas. Las discusiones de grupos focales se pueden realizar en persona o virtualmente.

Consejos para llevar a cabo grupos focales exitosos:

1. **Seleccione a los participantes correctos** : apunte a un grupo diverso de 6 a 10 participantes con

diferentes antecedentes, demografía y niveles de experiencia.

2. **Cree un entorno cómodo** : fomente un debate abierto y honesto estableciendo un ambiente seguro, cómodo e inclusivo.

3. **Desarrolle una guía de discusión** : Resuma los temas principales que desea cubrir durante la sesión y prepare preguntas abiertas para estimular la conversación.

4. **Facilite la discusión** : actúe como un moderador neutral, fomentando la participación activa y gestionando el flujo de la conversación.

5. **Capture y analice información** : grabe la sesión y tome notas detalladas, destacando temas clave, patrones e información del usuario.

2.2.4 Estudios observacionales

Los estudios observacionales implican observar a los usuarios mientras interactúan con su producto, servicio o entorno. Este método le permite descubrir problemas de usabilidad, comportamientos de los usuarios y preferencias que los usuarios pueden no conocer o no ser capaces de articular.

Tipos de estudios observacionales:

1. **Observación naturalista** : Observar a los usuarios en su entorno natural, sin ninguna interferencia ni guía.

2. **Observación controlada** : Observar a los usuarios en un entorno controlado, con tareas específicas para completar o escenarios para seguir.

Consejos para realizar estudios observacionales:

1. **Defina los objetivos de la investigación** : identifique los aspectos de la experiencia del usuario que desea estudiar y diseñe la observación en consecuencia.
2. **Reclute participantes** : seleccione un grupo diverso de usuarios que representen a su público objetivo.
3. **Desarrolle un plan de observación** : describa los comportamientos, las interacciones y los escenarios específicos que desea observar, así como cualquier herramienta o equipo específico requerido.
4. **Registre y tome notas** : documente los comportamientos de los usuarios, las interacciones y cualquier desafío o problema que enfrenten.
5. **Analice y sintetice los hallazgos** : identifique patrones y tendencias, y combine sus observaciones con otros métodos de investigación para obtener una comprensión holística de sus usuarios.

2.2.5 Pruebas de usabilidad

Las pruebas de usabilidad implican evaluar su producto o servicio para medir su facilidad de uso, eficiencia y satisfacción general del usuario. Se les pide a los usuarios que completen tareas o escenarios específicos mientras el investigador observa sus interacciones y recopila comentarios. Las pruebas de usabilidad se pueden realizar en persona o de forma remota y pueden ser moderadas o no moderadas.

Consejos para realizar pruebas de usabilidad:

1. **Establezca objetivos claros** : defina los aspectos específicos de la experiencia del usuario que desea evaluar y desarrolle escenarios de prueba en consecuencia.
2. **Elija el método apropiado** : considere la etapa del proyecto, los objetivos y los recursos disponibles para determinar el mejor enfoque para su prueba de usabilidad.
3. **Reclute usuarios representativos** : seleccione participantes que reflejen la demografía, las habilidades y los niveles de experiencia de su público objetivo.
4. **Documente y analice los hallazgos** : registre las interacciones de los usuarios, tome notas y analice los resultados para identificar problemas de usabilidad, áreas de mejora y comentarios de los usuarios.
5. **Repita su diseño** : use sus hallazgos para guiar las mejoras de diseño y realice rondas adicionales de pruebas de usabilidad para garantizar una experiencia de usuario óptima.

Al emplear una variedad de métodos y técnicas de investigación de usuarios, puede recopilar información detallada sobre las necesidades, los comportamientos y las preferencias de sus usuarios, lo que informará su proceso de diseño de UX. La clave es incorporar la investigación del usuario a lo largo del ciclo de vida del proyecto, desde los conceptos iniciales hasta el lanzamiento del producto y más allá, asegurando que sus decisiones de diseño estén constantemente centradas en el usuario y continuamente informadas por datos relevantes. En última instancia, esto conducirá a productos y servicios más exitosos, atractivos y agradables para su público objetivo.

2.3 Creación de Personas y Perfiles de Usuario

Las personas y perfiles de usuario son herramientas esenciales en el proceso de diseño de UX. Lo ayudan a comprender a su público objetivo y a tomar decisiones informadas sobre su diseño. En esta sección, exploraremos la importancia de las personas y los perfiles de los usuarios, y aprenderemos a crearlos desde cero.

2.3.1 La importancia de las personas y perfiles de usuario

Las personas y los perfiles de usuario son representaciones de su público objetivo. Al crear personajes detallados y realistas que representan los rasgos, las necesidades y los objetivos de sus usuarios, puede empatizar mejor con ellos y tomar decisiones de diseño más informadas.

Al crear personas y perfiles de usuario, puede:

• Comprender las necesidades, objetivos y frustraciones de su público objetivo

- Desarrolle empatía por sus usuarios, lo que en última instancia conduce a mejores soluciones de diseño.
- Comunique sus hallazgos y genere consenso entre los miembros de su equipo
- Asegúrese de que su diseño atraiga a su público objetivo y satisfaga sus necesidades
- Resalte cualquier brecha en su investigación y ayude a priorizar las características para enfocarse

2.3.2 Recopilación de datos para personas y perfiles de usuario

Antes de crear personas y perfiles, debe recopilar datos sobre su público objetivo. Los datos pueden provenir de varias fuentes:

1. **Entrevistas a usuarios:** Realice entrevistas con usuarios potenciales para recopilar información sobre sus necesidades, objetivos y frustraciones. Haga preguntas abiertas y evite las preguntas capciosas para recopilar datos imparciales y precisos.
2. **Encuestas y cuestionarios:** distribuya encuestas y cuestionarios para recopilar datos cuantitativos sobre las preferencias, características y comportamientos de los usuarios. Mantenga las preguntas claras y concisas para alentar a más encuestados.
3. **Análisis de uso:** analice cómo los usuarios interactúan con su producto existente o uno similar, e identifique patrones que insinúen los comportamientos y preferencias de los usuarios.
4. **Investigación de mercado:** revise los informes de investigación de mercado, los análisis de la

competencia y las tendencias de la industria para obtener información sobre las preferencias y el comportamiento de su público objetivo.

El uso de una combinación de estas fuentes de datos le permitirá crear personas y perfiles de usuario completos y precisos.

2.3.3 Creación de Personas de Usuario

Una persona de usuario es un personaje ficticio basado en los datos que ha recopilado de y sobre su público objetivo. Aquí hay una guía paso a paso para crear una persona de usuario:

1. **Nombre y función:** asigne a su persona un nombre y una función relevante para su experiencia con su producto (p. ej., viajero frecuente, madre ocupada, propietario de una pequeña empresa).
2. **Datos demográficos:** incluye información como edad, sexo, educación y antecedentes culturales. Esta información puede ayudarte a visualizar a tu usuario y comprender mejor su contexto.
3. **Metas y motivaciones:** identifica lo que tu persona quiere lograr y lo que la motiva. Esto podría incluir cosas como ahorrar tiempo, mejorar la productividad o conectarse con otros.
4. **Puntos débiles y frustraciones:** describe los desafíos y las frustraciones que encuentra tu persona al intentar alcanzar sus objetivos. Estos se pueden utilizar para identificar áreas en las que su producto puede proporcionar soluciones.
5. **Patrones de comportamiento y preferencias:** describa cómo su persona interactúa normalmente

con productos como el suyo, así como sus preferencias, intereses y actitudes.

6. **Una cita:** cree una cita que ejemplifique la mentalidad, los objetivos o las frustraciones de su persona. Esto puede ayudar a los miembros de su equipo a obtener una comprensión más profunda de la personalidad del usuario.

7. **Agregue una foto:** incorpore una imagen que represente su personalidad. Puede ser una foto de stock o una ilustración ficticia. La representación visual ayuda a los miembros del equipo a relacionarse con la persona más fácilmente.

2.3.4 Creación de perfiles de usuario

Un perfil de usuario complementa una persona al centrarse más en la relación de la persona con su producto, sus preferencias y atributos.

1. **Tipo de usuario:** identifique el tipo de usuario que representa su perfil (por ejemplo, usuario ocasional, usuario avanzado o usuario potencial).

2. **Frecuencia de uso:** Describa con qué frecuencia el usuario interactúa con su producto o productos similares.

3. **Preferencias de dispositivos:** describa los dispositivos preferidos de su usuario, como teléfonos inteligentes, tabletas o computadoras de escritorio.

4. **Preferencias de interacción:** detalle cómo prefiere el usuario interactuar con su producto, como gestos, comandos de voz o clics del mouse.

5. **Preferencias de comunicación:** especifique cómo prefiere el usuario recibir información o

comunicarse, como correo electrónico, mensajes directos o llamadas telefónicas.

6. **El contexto de uso:** Describa el entorno o contexto en el que es probable que el usuario utilice su producto. Esto puede incluir entornos físicos, la hora del día o el contexto social.

Una vez que haya creado personas y perfiles de usuario, puede usarlos para guiar e informar su proceso de diseño. Esto incluye la creación de escenarios para pruebas de usuarios, la priorización de funciones y el perfeccionamiento de su interfaz de usuario en función de las necesidades y preferencias de sus usuarios.

Recuerda que las personas y los perfiles no son estáticos; pueden refinarse y actualizarse a medida que avanza su investigación y evoluciona su comprensión de sus usuarios. Manténgalos actualizados y utilícelos de manera consistente a lo largo de su proceso de diseño para crear productos exitosos centrados en el usuario.

2.4 Mapeo del viaje del usuario

En esta sección, exploraremos el concepto de mapeo de viaje del usuario (UJM) y su importancia en el campo del diseño UX. Profundizaremos en los detalles de la creación de mapas de viaje del usuario, cubriendo todo, desde la investigación hasta la aplicación práctica.

El mapeo del viaje del usuario (UJM) es una representación visual de los diversos pasos y puntos de contacto por los que pasan los usuarios mientras interactúan con un producto, servicio o sistema. Su objetivo principal es comprender y optimizar la experiencia del usuario a lo largo de su viaje, lo que permite a los diseñadores tomar decisiones informadas sobre cómo mejorar la UX general.

La creación de un mapa de viaje del usuario lo ayuda a identificar los momentos más importantes en la experiencia de sus usuarios, analizar posibles puntos débiles y descubrir oportunidades de mejora. Este proceso es fundamental para dar forma a un Producto digital a la hora de diseñar una UX que satisfaga las necesidades y expectativas de los usuarios.

2.4.1 Importancia del Mapeo del Viaje del Usuario

Algunos de los beneficios clave del mapeo del viaje del usuario incluyen:

1. **Creación de empatía** : al visualizar los pasos que toman los usuarios y comprender sus emociones, motivaciones y desafíos, los diseñadores de UX pueden desarrollar empatía por ellos. Esto permite a los diseñadores poner a los usuarios al frente, asegurándose de que tomen las mejores decisiones de diseño.
2. **Mejor comunicación** : un mapa de viaje del usuario funciona como una gran herramienta de comunicación dentro de su equipo o con sus clientes. Facilita una comprensión unificada de la experiencia

del usuario y arroja luz sobre los refinamientos y mejoras necesarios.

3. **Descubrimiento de puntos débiles** : a través del proceso de mapeo del viaje del usuario, los diseñadores a menudo encuentran problemas que los usuarios encuentran durante su interacción con el Producto. Abordar estos problemas ayuda a garantizar que las soluciones se adapten a las necesidades y expectativas de los usuarios.

4. **Identificación de oportunidades** : un mapa de viaje del usuario bien elaborado descubre oportunidades ocultas de mejora. Al reconocer los puntos de fricción y las áreas de alto compromiso, los diseñadores pueden crear productos que conecten mejor con los usuarios y brinden una experiencia de usuario más fluida.

2.4.2 Pasos para crear un mapa de viaje del usuario

A. Investigación y recopilación de datos

Antes de comenzar a mapear el viaje del usuario, debe tener una comprensión sólida de sus usuarios. Realice investigaciones de usuarios para recopilar datos e información relevantes, que pueden incluir:

- Objetivos y motivaciones de los usuarios.
- Frustraciones del usuario
- Experiencias esperadas
- Puntos de dolor existentes

Para recopilar estos datos, utilice varios métodos de investigación, como entrevistas a usuarios, encuestas, cuestionarios, grupos focales y pruebas de usuarios.

B. Defina sus personas de usuario

Con la información recopilada en el paso A, cree personajes de usuario para comprender mejor y empatizar con su público objetivo. Las personas ayudan a los equipos a mantenerse enfocados en las necesidades, objetivos y preferencias de los usuarios.

C. Identificar las etapas del viaje

Desglose el viaje del usuario en diferentes etapas que representen hitos específicos, cada una de las cuales captura una fase o paso distinto en la interacción del usuario con el Producto. Las etapas típicas pueden incluir: conocimiento, evaluación, compra, uso y soporte.

D. Mapa de objetivos, desafíos y puntos de contacto del usuario

En cada etapa del viaje del usuario, describa los objetivos del usuario, los desafíos que podrían enfrentar y los canales o puntos de contacto con los que interactúa. Este nivel de granularidad ayudará a descubrir puntos críticos y oportunidades de mejora.

E. Agregar emociones y pensamientos del usuario

Además de identificar los objetivos y desafíos del usuario, es crucial tener en cuenta su estado emocional en cada etapa. Esto ayuda a comprender mejor el comportamiento del usuario e identificar momentos de placer y frustración.

F. Visualice el mapa de viaje

Presente el mapa de viaje del usuario en un formato visual, que puede ser un diagrama simple, un gráfico o un guión gráfico. Asegúrese de que su mapa de viaje sea fácilmente accesible, comprensible y atractivo, para que pueda cumplir su propósito de manera efectiva como una herramienta de colaboración.

2.4.3 Consejos y mejores prácticas

1. **Colaborar** : Involucrar a miembros del equipo de diferentes departamentos, como desarrollo o ventas, para brindar diversas perspectivas sobre el viaje del usuario. Esto también facilitará una comprensión compartida y la alineación de los objetivos.
2. **Iterar** : el mapeo del viaje del usuario no es una actividad única. Actualice e itere sus mapas a medida que su Producto evolucione, o a medida que haya nuevos datos y comentarios de usuarios disponibles.
3. **Equilibre la simplicidad y los detalles** : si bien es esencial proporcionar suficientes detalles para capturar la experiencia del usuario, tenga cuidado de

no abrumar su mapa de viaje con demasiada información.

4. **Valide con los usuarios** : pruebe y valide sus mapas de viaje del usuario con usuarios reales para garantizar la precisión y la eficacia. Esto ayudará a confirmar que sus conocimientos son precisos y revelará cualquier posible detalle perdido.

2.4.4 Herramientas de mapeo de viaje del usuario

Para crear mapas de viaje del usuario visualmente atractivos y funcionales, considere usar herramientas de mapeo dedicadas como:

- Smaply
- UXPressia
- Miró
- Lucidchart
- Visio de Microsoft

Estas herramientas ofrecen una variedad de características y capacidades para ayudarlo a mapear los viajes de los usuarios de manera eficiente y colaborativa.

En conclusión, el mapeo del viaje del usuario es una herramienta poderosa para que los diseñadores de UX comprendan y optimicen la experiencia del usuario. Al investigar a fondo a su audiencia, crear personajes e identificar las etapas clave, los desafíos y las emociones de los usuarios, puede crear soluciones prácticas a sus problemas y enriquecer la UX general.

2.5 Identificación de las necesidades del usuario y los puntos débiles

Comprender las necesidades del usuario y los puntos débiles es crucial para dominar el arte del diseño de la experiencia del usuario (UX). Este proceso no solo es esencial para mejorar la satisfacción del cliente, sino que también es fundamental para determinar el éxito a largo plazo de su producto. En esta sección, discutiremos la importancia de identificar las necesidades de los usuarios y los puntos débiles y exploraremos varios métodos para descubrir estos conocimientos.

Por qué es importante identificar las necesidades del usuario y los puntos débiles

Antes de profundizar en los métodos, primero comprendamos la importancia de identificar las necesidades del usuario y los puntos débiles:

1. **Diseño centrado en el usuario** : el objetivo principal del diseño de UX es mejorar la experiencia general del usuario. Al comprender las necesidades de los usuarios y los puntos débiles, los diseñadores pueden adaptar sus productos para satisfacer las expectativas de los usuarios.

2. **Usabilidad mejorada** : identificar las necesidades de los usuarios y los puntos débiles ayuda a los diseñadores a mejorar la usabilidad y la accesibilidad, lo que facilita que los usuarios naveguen por la plataforma.

3. **Mayor satisfacción del usuario** : al abordar los puntos débiles de los usuarios, los diseñadores pueden mejorar la satisfacción del usuario, lo que lleva a una mayor lealtad del cliente y un uso repetido.

4. **Tasas de rebote reducidas** : abordar los puntos débiles de los usuarios permite a las empresas reducir las tasas de rebote mitigando las frustraciones de los usuarios, mejorando así la competitividad en el mercado.

5. **Ventaja competitiva** : comprender lo que los usuarios quieren y satisfacer sus necesidades proporciona una ventaja competitiva en la industria, lo que ayuda a las empresas a destacarse entre la competencia.

Métodos para identificar las necesidades del usuario y los puntos débiles

1. Entrevistas a usuarios

Las entrevistas con los usuarios, como su nombre indica, implican preguntar a los usuarios sobre sus necesidades, deseos y frustraciones con el producto. A través de preguntas abiertas, puede obtener información valiosa sobre las mentes de sus usuarios y comprender sus dificultades. Asegurate que:

- Planifique cuidadosamente las preguntas de su entrevista
- Usa preguntas abiertas
- Indague para obtener respuestas más detalladas cuando sea necesario
- Documente las entrevistas para futuras referencias.

2. Encuestas y Cuestionarios

Aunque carecen de la profundidad de las entrevistas a los usuarios, las encuestas y los cuestionarios pueden recopilar datos cuantitativos de una audiencia más amplia. Son útiles para identificar tendencias y problemas generalizados. Para crear encuestas y cuestionarios efectivos, los diseñadores deben:

- Sea conciso y claro con las preguntas.
- Manténgalos cortos y enfocados.
- Utilice una combinación de preguntas cerradas y abiertas.
- Garantizar la confidencialidad y el anonimato

3. Estudios observacionales

Los estudios observacionales implican observar a los usuarios mientras interactúan con su producto. Este método ayuda a revelar puntos débiles y problemas de los que los usuarios no son necesariamente conscientes. Para realizar estudios observacionales efectivos, los diseñadores deben:

- Elija un entorno apropiado (natural o controlado)
- Use video, audio o ambos para la documentación
- Documente las observaciones de manera objetiva
- Use múltiples observadores para reducir el sesgo

4. Estudios diarios

Los estudios de diario involucran a los usuarios que
documentan sus experiencias con un producto en un
diario, capturando sus pensamientos y sentimientos a
lo largo del tiempo. Proporciona a los diseñadores
datos ricos y cualitativos sobre las experiencias de
los usuarios en su entorno natural. Los estudios
diarios efectivos involucran:

- Seleccionando cuidadosamente a los
participantes.
- Explicar claramente los roles de los participantes y
cómo registrar las entradas
- Seguimiento regular del progreso de los
participantes
- Analizar los datos a fondo

5. Pruebas de usabilidad

Las pruebas de usabilidad implican que los usuarios
completen tareas específicas en un producto
mientras los diseñadores observan para identificar
cualquier problema de usabilidad. Este método ayuda
a los diseñadores a identificar los puntos débiles que
impiden que los usuarios logren sus objetivos. Las
pruebas de usabilidad efectivas deben:

- Utilice participantes demográficamente
representativos de su público objetivo

- Cree escenarios de tareas realistas
- Probar múltiples iteraciones del producto
- Capture datos cuantitativos y cualitativos

6. Comentarios de los clientes

Los comentarios de los clientes, recopilados a través de reseñas, correos electrónicos, redes sociales y otros canales, brindan una gran cantidad de información sobre las necesidades de los usuarios y los puntos débiles. Los diseñadores deben monitorear regularmente estos canales y actuar sobre la valiosa información proporcionada. Para utilizar eficazmente los comentarios de los clientes:

- Establezca mecanismos para que los clientes proporcionen comentarios.
- Utilice herramientas de análisis para rastrear y organizar los comentarios.
- Analice regularmente los comentarios en busca de tendencias y conocimientos.
- Actúe sobre los comentarios y comunique las mejoras a los usuarios.

7. Análisis de la competencia

El análisis de la competencia implica examinar los productos de su competencia para identificar las necesidades de los usuarios y los puntos débiles que abordan o ignoran con éxito. Al evaluar sus fortalezas y debilidades, puede encontrar áreas de mejora para su propio producto.

- Identificar competidores clave

- Evaluar la experiencia de usuario de sus productos.
- Reconocer sus aciertos y defectos.
- Utilice estos conocimientos para refinar su estrategia de UX

En resumen

Dominar el diseño de UX implica discernir a fondo las necesidades del usuario y los puntos débiles para crear experiencias de usuario memorables. Al combinar varios métodos de investigación y aprender continuamente de sus usuarios, estará mejor equipado para diseñar productos intuitivos, accesibles y agradables que se destaquen en un mercado competitivo.

Capítulo 3: Ideación y conceptualización: generación de soluciones de diseño

Introducción

A medida que avanzamos en el proceso de diseño de UX, ahora nos encontramos en la etapa de ideación y conceptualización. En este capítulo, profundizaremos en el proceso de generación de soluciones de diseño y exploraremos varias técnicas de ideación. Al final de este capítulo, comprenderá claramente cómo generar conceptos de diseño creativo y transformar las necesidades de los usuarios en experiencias funcionales y cautivadoras.

3.1 ¿Qué es Ideación y Conceptualización?

Antes de pasar a la acción, definamos qué significan la ideación y la conceptualización en el contexto del diseño de UX.

La ideación se refiere al proceso de generar y desarrollar nuevas ideas o conceptos para un problema dado. Estas ideas deben apuntar a resolver los problemas de los usuarios y satisfacer sus necesidades a través del diseño de un producto.

La conceptualización sigue a la ideación y es el proceso de organizar, estructurar y refinar las ideas generadas. Esto ayuda a crear una comprensión sólida de la posible solución, asegurando que esté alineada con los objetivos del proyecto y las necesidades de los usuarios.

En pocas palabras, la ideación y la conceptualización son las etapas en las que se generan, exploran y refinan diversas ideas para crear soluciones de diseño que satisfagan las necesidades de los usuarios y brinden experiencias agradables en armonía con los requisitos del sistema.

3.2 La importancia de la ideación y la conceptualización

La fase de ideación y conceptualización marca el inicio de la parte del proceso de diseño orientada a las soluciones. Aquí hay algunas razones por las que esta etapa es crucial:

1. **Fomenta la creatividad:** el proceso de ideación fomenta el pensamiento creativo, lo que permite a los diseñadores explorar múltiples ideas y posibilidades para abordar un problema de diseño específico de manera efectiva.
2. **Promueve la colaboración:** la ideación y la conceptualización cultivan un entorno colaborativo en el que varios miembros del equipo aportan sus ideas y experiencia, lo que hace que el proceso de diseño sea más completo e inclusivo.
3. **Aborda las necesidades de los usuarios:** al considerar diferentes perspectivas e ideas, los diseñadores pueden desarrollar conceptos de resolución de problemas que satisfagan las necesidades, los puntos débiles y los desafíos de los usuarios con innovación y empatía.
4. **Evita un camino unidireccional:** al explorar y validar varias ideas simultáneamente, los diseñadores pueden evitar la visión de túnel que podría ocurrir si se centraran en una única solución desde el principio.
5. **Mitigación de riesgos:** al probar y refinar los conceptos en una etapa temprana, el equipo de diseño puede identificar los riesgos potenciales asociados con un diseño determinado, ahorrando tiempo y recursos más adelante en el proceso de desarrollo.

3.3 Técnicas de Ideación y Conceptualización

Existen numerosas técnicas y métodos para generar ideas y conceptos en la etapa de ideación y conceptualización. Veamos algunas de las técnicas más populares utilizadas por los diseñadores:

3.3.1 Lluvia de ideas

La lluvia de ideas es una técnica utilizada para generar una gran cantidad de ideas en un corto período de tiempo. Alienta a los miembros del equipo a pensar fuera de la caja y generar ideas que fluyen libremente sin restricciones. El objetivo es facilitar el intercambio de ideas y alimentar la creatividad de los demás.

Consejos para la lluvia de ideas:

- Defina claramente el problema de diseño y los objetivos antes de comenzar.
- Cree un entorno que fomente la creatividad y la colaboración.
- Fomente la diversidad de pensamientos y desaliente el juzgar las ideas durante la sesión.
- Capture todas las ideas sin filtrar.
- Revisar y refinar las ideas después de la sesión.

3.3.2 Bocetos / Creación rápida de prototipos

La creación de bocetos, incluidos los wireframes y los prototipos aproximados, es una herramienta útil para visualizar y probar ideas de diseño. Ayuda a difundir conceptos entre los miembros del equipo y facilita la iteración y mejora de ideas rápidamente.

Consejos para esbozar y crear prototipos rápidos:

- Concéntrese en las características y funcionalidades principales del concepto de diseño.
- Mantenga los bocetos simples y fáciles de entender.
- Anime a los miembros del equipo a compartir sus bocetos y proporcionar comentarios.
- Repita y perfeccione los elementos de diseño en función de los comentarios recibidos.

3.3.3 Técnica SCAMPER

SCAMPER es un acrónimo que significa sustituir, combinar, adaptar, modificar, poner para otro uso, eliminar y revertir. Esta técnica de pensamiento creativo alienta a los diseñadores a pensar en cómo se pueden cambiar o adaptar varios aspectos de un producto, proceso o servicio para crear nuevos conceptos.

Consejos para utilizar la técnica SCAMPER:

- Aplique cada operación de SCAMPER por separado y luego en combinación, para generar diferentes ideas de diseño.
- Trabaje con un equipo diverso para explorar diferentes perspectivas y posibles obstáculos.
- Documente todas las ideas generadas para su posterior análisis, priorización y desarrollo.

3.3.4 Mapas mentales

Un mapa mental es una representación visual de pensamientos, ideas e información, centrada en un concepto central. Alienta a los diseñadores a pensar en un problema de diseño desde múltiples ángulos, ramificarse a partir de la idea central y generar muchas ideas interconectadas.

Consejos para crear un mapa mental:

• Comience con un concepto o problema central, luego comience a ramificarse con ideas relacionadas.
• Use colores, gráficos e imágenes para mejorar el atractivo visual y la comprensión del mapa.
• Mantenga el mapa organizado y fácil de navegar y leer.
• Involucra a los miembros del equipo para que aporten sus ideas y amplíen el mapa.

3.4 Refinar y priorizar ideas

Una vez que la ideación y la conceptualización han dado como resultado un conjunto de posibles soluciones de diseño, los diseñadores deben refinar y priorizar estas ideas para identificar los conceptos más prometedores. Aquí hay algunos métodos para refinar y priorizar ideas:

1. **Factibilidad:** Evaluar la practicidad y viabilidad de los conceptos, dadas las limitaciones técnicas y los recursos organizacionales.
2. **Alineación con los objetivos:** analice qué tan bien se alinea cada concepto con el resumen de

diseño, las necesidades del usuario y los objetivos del proyecto.

3. **Impacto en los usuarios:** Considere el posible impacto positivo que la solución tendría en los usuarios, como una mayor satisfacción del usuario, facilidad de uso o eficiencia.

4. **ROI y valor comercial:** evalúe el retorno potencial de la inversión y el valor comercial general obtenido al implementar la solución.

5. **Creación de prototipos y pruebas:** Desarrolle prototipos en etapas tempranas y pruebe ideas con usuarios reales para recopilar comentarios cualitativos y cuantitativos, validando y refinando aún más los conceptos.

Conclusión

La fase de ideación y conceptualización es una parte integral del proceso de diseño de UX. Al explorar diferentes técnicas y métodos de creación de ideas, los diseñadores pueden generar diversas soluciones de diseño que aborden de manera efectiva las necesidades de los usuarios y creen experiencias de usuario atractivas y memorables. Recuerde, la clave es fomentar un entorno colaborativo y de mente abierta que adopte la creatividad y priorice la satisfacción del usuario durante todo el proceso.

3.1 Lluvia de ideas y pensamiento creativo

En el mundo del diseño de UX, la lluvia de ideas y el pensamiento creativo son herramientas esenciales para idear, resolver problemas e impulsar la innovación. Al fomentar un entorno de ideas que fluyen libremente, los diseñadores pueden aprovechar su creatividad y desarrollar experiencias de usuario que realmente resuenen con su público objetivo.

¿Por qué es importante la lluvia de ideas en el diseño de UX?

La lluvia de ideas es más que simplemente lanzar ideas a la pared para ver qué se queda; es un proceso estructurado donde los diseñadores trabajan juntos para encontrar soluciones creativas a los problemas de diseño. En el contexto de UX, la lluvia de ideas efectiva ayuda a los equipos a:

- Identificar las necesidades del usuario y los puntos débiles.
- Explore múltiples soluciones de diseño
- Fomentar la colaboración y la polinización cruzada de ideas.
- Descubra enfoques nuevos e innovadores
- Manténgase a la vanguardia de las tendencias de la industria y los competidores

El poder del pensamiento creativo en el diseño UX

El pensamiento creativo es la capacidad de ver problemas y desafíos desde nuevos ángulos y explorar soluciones únicas e innovadoras. Es lo que diferencia el diseño rompedor del mediocre. En el diseño de UX, el pensamiento creativo es esencial para:

- Presentamos experiencias nuevas, atractivas y agradables para los usuarios
- Resolver problemas complejos de manera simple e intuitiva
- Destacarse en un mercado saturado ofreciendo algo diferente
- Adaptarse a las preferencias, tecnologías y tendencias de los usuarios en evolución

Técnicas de lluvia de ideas y cómo aplicarlas

Hay varias técnicas de lluvia de ideas que los diseñadores de UX pueden utilizar para hacer fluir su creatividad. Exploremos algunos de los métodos más efectivos:

1. Mapas mentales

El mapeo mental es una técnica visual para organizar y conectar ideas. Ayuda a los diseñadores a estructurar sus pensamientos y explorar varios conceptos, relaciones y jerarquías.

Cómo aplicar mapas mentales:

1. Comience con un tema central o una declaración del problema en medio de una página en blanco.

2. Cree ramas desde el punto central para representar ideas, temas o subproblemas conectados.

3. Agregue ramas secundarias para explorar más a fondo subtemas, conceptos o soluciones.

4. Use colores, símbolos e imágenes para representar visualmente y agrupar ideas relacionadas.

2. Bocetos y creación rápida de prototipos

Los bocetos y la creación rápida de prototipos son formas poderosas de hacer que las ideas cobren vida rápidamente. Al esbozar posibles soluciones, los diseñadores pueden visualizar mejor sus conceptos y comunicar sus ideas al equipo.

Cómo aplicar bocetos y creación rápida de prototipos:

1. Comience por esbozar la interfaz de usuario o los componentes individuales.

2. Use figuras y formas simples para representar varios elementos de diseño.

3. Explore variaciones y experimente con diferentes diseños, estructuras y patrones de interfaz de usuario.

4. Una vez que la estructura básica esté en su lugar, cree un prototipo más refinado usando una herramienta de diseño o métodos basados en papel.

3. Escritura de ideas

La escritura mental es una técnica en la que los participantes escriben en silencio sus ideas y luego las intercambian con otros para un mayor desarrollo. Este método fomenta aportes más diversos de todos los participantes, lo que reduce la influencia de las personas dominantes o francas.

Cómo aplicar la escritura mental:

1. Haga que cada participante escriba sus ideas en fichas o notas adhesivas.
2. Después de un período de tiempo establecido, haga que los participantes pasen sus ideas a la persona que está a su lado.
3. Luego, cada participante agrega sus propios pensamientos, se basa en las ideas o las combina con otras ideas.
4. Repita el proceso hasta que cada persona haya contribuido a cada idea original.

4. Tormenta de roles

La lluvia de roles es una técnica de lluvia de ideas grupal en la que los participantes asumen diferentes roles para generar ideas. Esto ayuda a los diseñadores a liberarse de sus patrones de pensamiento habituales y considerar ideas desde nuevas perspectivas.

Cómo aplicar la tormenta de roles:

1. Asigne a cada participante un rol específico, como usuario final, parte interesada o competidor.
2. Anime a los participantes a pensar y actuar desde la perspectiva de su rol asignado.

3. Genere y discuta ideas en el contexto de estas perspectivas y cómo podrían abordar el problema de manera diferente.

Crear un entorno fértil para la lluvia de ideas y el pensamiento creativo

Para que la lluvia de ideas y el pensamiento creativo sean efectivos, los diseñadores necesitan un entorno propicio que fomente la comunicación abierta, la retroalimentación constructiva y el intercambio audaz de ideas. Considere estos consejos para crear un espacio nutritivo para la lluvia de ideas:

- **Enfatice una política de "no juzgar":** anime a todos los participantes a compartir libremente sus pensamientos sin temor al ridículo o la crítica.
- **Establezca metas y pautas claras:** defina claramente el problema en cuestión, establezca límites de tiempo y brinde instrucciones para la sesión de lluvia de ideas.
- **Fomente un conjunto diverso de ideas:** fomente una cultura de la curiosidad e invite a participantes de diversos orígenes y con diferentes conocimientos a contribuir con sus perspectivas únicas.
- **Promueva la escucha activa y la cooperación:** aliente a los participantes a involucrarse y aprovechar las ideas de otras personas, fomentando una atmósfera de colaboración.

Pensamientos finales

La lluvia de ideas y el pensamiento creativo son componentes esenciales del diseño de UX efectivo, lo que permite a los diseñadores desarrollar experiencias de usuario atractivas y convincentes. Al implementar una variedad de técnicas de lluvia de ideas, crear un entorno de apoyo y enfatizar la colaboración, los diseñadores pueden liberar todo su potencial creativo e impulsar la innovación.

3.2 Bocetos y visualización de conceptos

En esta sección, exploraremos los bocetos y la visualización de conceptos como técnicas esenciales para ayudar a los diseñadores de UX a comunicar ideas, explorar diversas soluciones de diseño y refinar diseños antes de invertir en prototipos o esfuerzos de desarrollo más elaborados. Discutiremos los beneficios de los bocetos, las técnicas para crear bocetos efectivos y las mejores prácticas para pasar de los bocetos a representaciones de conceptos visuales más pulidas.

La importancia de dibujar en el diseño UX

Sketching es una herramienta poderosa para los diseñadores de UX por varias razones:

1. **Velocidad y eficiencia** : los bocetos permiten a los diseñadores expresar rápidamente sus ideas e iterar sobre soluciones potenciales, lo que lo convierte en una técnica invaluable para la exploración de diseños y la creación de ideas en etapas tempranas.

2. **Flexibilidad** : los bocetos se pueden modificar, borrar y ampliar fácilmente, lo que los convierte en un medio adecuado para la lluvia de ideas y el perfeccionamiento de las ideas de diseño de forma progresiva.

3. **Colaboración** : el esbozo es un lenguaje común que facilita la comunicación y la colaboración, tanto dentro del equipo de diseño como con las partes interesadas.

4. **Rentabilidad** : el esbozo ahorra tiempo y es económico, ya que no requiere herramientas ni software especializados, lo que lo convierte en una inversión de bajo riesgo durante las primeras etapas del proceso de diseño.

5. **Baja fidelidad** : la naturaleza de baja fidelidad de los bocetos fomenta el enfoque en conceptos de alto nivel, flujos de usuario e interacciones de diseño en lugar de detalles como el color, la tipografía o las imágenes; esto puede ayudar a evitar atascarse con decisiones de diseño prematuras.

Técnicas para dibujar con eficacia

Si bien dibujar es una actividad muy personal y subjetiva, existen varias técnicas que pueden ayudar a los diseñadores a crear bocetos efectivos e informativos para el diseño de UX:

1. **Comience con una declaración de objetivo o
problema** : antes de comenzar a dibujar, tenga una
comprensión clara del objetivo o problema que está
tratando de abordar. Esto proporciona un marco
enfocado dentro del cual explorar posibles soluciones
de diseño.

2. **Use formas geométricas básicas** : mantenga
sus bocetos simples usando un vocabulario visual de
formas geométricas básicas como rectángulos,
círculos y líneas. Esto permite una rápida ideación y
exploración sin perderse en detalles innecesarios.

3. **Iterar y explorar** : no tenga miedo de realizar
múltiples iteraciones y variaciones de sus bocetos, ya
que esto puede ayudar a descubrir nuevas ideas y
perspectivas sobre el problema de diseño.
Experimente con diferentes diseños, interacciones y
componentes sin dejar de concentrarse en la
experiencia general del usuario.

4. **Anote sus bocetos** : incluya notas, etiquetas y
anotaciones para proporcionar contexto e información
adicional sobre sus bocetos. Esto los hace más
accesibles y comprensibles para los demás,
especialmente durante las sesiones de colaboración
y presentación.

5. **Manténgalo tosco y de baja fidelidad** : acepte
las imperfecciones que vienen con los bocetos y
resista la tentación de pulir o refinar sus bocetos
demasiado pronto. Esto ayudará a mantener el
enfoque en la experiencia del usuario y permitirá
flexibilidad durante la fase de ideación.

Pasar del boceto a la visualización de conceptos

La visualización de conceptos es el proceso de crear representaciones más detalladas y pulidas de sus ideas de diseño, a menudo incorporando elementos de diseño visual como color, tipografía e imágenes. Por lo general, sigue al boceto, una vez que se han establecido los componentes clave del diseño y los flujos de usuarios. Hay varias mejores prácticas y pautas a seguir cuando se pasa de la creación de bocetos a la visualización de conceptos:

1. **Perfeccione su diseño** : utilizando los comentarios y los aprendizajes recopilados durante la fase de esbozo, identifique las áreas de mejora y realice los ajustes necesarios en su diseño para crear una experiencia más cohesiva y fácil de usar.
2. **Desarrolle un lenguaje visual coherente** : establezca un lenguaje visual coherente para sus visualizaciones de conceptos que incluyan elementos como el color, la tipografía, la iconografía y las imágenes. La consistencia en el diseño visual ayuda a los usuarios a construir modelos mentales y navegar por la interfaz de usuario de manera más eficiente.
3. **Utilice las herramientas adecuadas** : dependiendo de la fidelidad y el nivel de detalle requerido, elija las herramientas adecuadas para la visualización de conceptos. Las herramientas digitales como Sketch, Figma, Adobe XD o Illustrator pueden ayudar a crear visualizaciones más pulidas y de mayor fidelidad. Recuerda que la elección de la herramienta no debe limitar el proceso de ideación, sino facilitar la comunicación efectiva del concepto de diseño.
4. **Cree estructuras alámbricas y/o maquetas** : a medida que avanza de bocetos a visualizaciones más detalladas, considere la posibilidad de crear

estructuras alámbricas o maquetas para representar el diseño y la estructura de su diseño. Los wireframes generalmente se enfocan en los componentes de la interfaz de usuario y su disposición, mientras que las maquetas incorporan elementos de diseño visual como el color, la tipografía y las imágenes.

5. **Iterar y refinar** : Al igual que los bocetos, la visualización de conceptos es un proceso iterativo. Perfeccione continuamente sus visualizaciones en función de los comentarios de sus compañeros, las partes interesadas y las pruebas de usabilidad.

En resumen, los bocetos y la visualización de conceptos son procesos críticos dentro del diseño de UX, que permiten a los diseñadores explorar ideas, resolver problemas complejos y refinar soluciones antes de invertir en prototipos y esfuerzos de desarrollo más elaborados. Dominar estas habilidades beneficiará a cualquier diseñador de UX en su búsqueda de crear experiencias digitales centradas en el usuario, intuitivas y atractivas.

3.3 Talleres de Diseño Colaborativo

Los talleres de diseño colaborativo son sesiones interactivas que reúnen a diseñadores, desarrolladores, gerentes de productos y otras partes interesadas para intercambiar ideas, generar ideas, esbozar soluciones y validar enfoques de diseño. Estos talleres tienen como objetivo fomentar la creatividad, mejorar la comunicación y agilizar el proceso de diseño. Se pueden realizar de forma presencial o a distancia, pero siempre implican la participación activa y el compromiso de todos los asistentes.

En este capítulo, exploraremos los beneficios de los talleres de diseño colaborativo, diferentes tipos de talleres para varias etapas del proceso de diseño de UX, cómo planificar y facilitar talleres exitosos y estrategias para la colaboración remota.

Beneficios de los talleres de diseño colaborativo

Involucrar a todo el equipo y a las partes interesadas en el proceso de diseño de UX a través de talleres colaborativos tiene varios beneficios:

1. **Comprensión y alineación compartidas** : al trabajar juntos, los miembros del equipo pueden comprender mejor la visión, los objetivos y las limitaciones del proyecto. Esta comprensión compartida ayuda a crear un sentido de alineación y propiedad, asegurando que todos trabajen hacia los mismos objetivos.
2. **Ideación acelerada** : los talleres proporcionan una forma eficaz de generar una gran cantidad de ideas rápidamente. Al aprovechar la experiencia colectiva y el conocimiento del equipo, es más probable que encuentre soluciones innovadoras para los problemas de diseño.
3. **Validación rápida** : la creación de bocetos y prototipos durante el taller permite al equipo identificar rápidamente problemas potenciales y validar ideas de diseño. Este enfoque iterativo puede

ahorrar tiempo y recursos en comparación con esperar una solución completamente desarrollada.

4. **Inclusividad y diversidad** : incluir diversas perspectivas y conjuntos de habilidades en el taller puede conducir a una comprensión más integral de las necesidades del usuario y puede producir soluciones de diseño más inclusivas y accesibles.

5. **Dinámica de equipo mejorada** : la colaboración y la comunicación abierta pueden reforzar la dinámica de equipo, mejorar la creatividad y fomentar un entorno de equipo saludable.

Tipos de Talleres de Diseño Colaborativo

Hay varios tipos de talleres de diseño para abordar diferentes objetivos y etapas del proceso de diseño. Algunos talleres ampliamente utilizados y efectivos incluyen:

1. Talleres de partes interesadas

Los talleres de partes interesadas generalmente se llevan a cabo durante las primeras etapas de un proyecto para establecer una comprensión compartida de la visión del producto, los objetivos y los usuarios objetivo. Estas sesiones incluyen partes interesadas como clientes, gerentes de productos y expertos en la materia que brindan valiosa información y orientación al equipo de diseño.

- **Objetivo** : alinear la visión del proyecto, aclarar los objetivos y recopilar información relevante.

- **Actividades** : pizarra, ejercicios de visión, creación de personajes y planificación de la hoja de ruta.

2. Talleres de investigación de usuarios

Los talleres de investigación de usuarios involucran a diseñadores, investigadores y gerentes de productos en el análisis y síntesis de datos de investigación de usuarios para descubrir ideas que guiarán el proceso de diseño.

- **Objetivo** : Comprender las necesidades, prioridades y puntos débiles del usuario para informar el diseño.
- **Actividades** : análisis de entrevistas, mapeo de empatía, diagramación de afinidad y desarrollo de personajes.

3. Talleres de Ideación

Los talleres de ideación se centran en generar una amplia gama de posibles soluciones a los problemas de diseño identificados. Se alienta a los participantes a pensar fuera de la caja y contribuir con ideas diversas y creativas.

- **Objetivo** : Generar una gran cantidad de ideas para abordar las necesidades de los usuarios y los puntos débiles.
- **Actividades** : Lluvia de ideas, bocetos, mapas mentales y desarrollo de conceptos.

4. Talleres de Prototipado

El objetivo de los talleres de creación de prototipos es transformar ideas en prototipos tangibles que puedan probarse y refinarse. Los participantes trabajan en pequeños grupos o de forma independiente, iterando a través de varios diseños en función de los comentarios de los usuarios.

- **Objetivo** : crear e iterar prototipos de baja o alta fidelidad para probar ideas de diseño.
- **Actividades** : Sketching, wireframing, diseño de interfaz de usuario y pruebas de usabilidad.

5. Talleres de Crítica de Diseño

Los talleres de crítica de diseño están destinados a recopilar comentarios sobre los conceptos de diseño e identificar áreas de mejora. Estas sesiones estructuradas implican la presentación de soluciones de diseño y la discusión de sus méritos y posibles preocupaciones.

- **Objetivo** : Evaluar conceptos de diseño, recopilar comentarios e identificar áreas para la iteración.
- **Actividades** : revisión del diseño, crítica grupal y priorización de la retroalimentación.

Planificación y facilitación de talleres exitosos

Para asegurar un taller de diseño exitoso, siga estos pasos:

1. **Establezca objetivos claros** : defina el propósito del taller y sus resultados esperados. Esto le ayudará a adaptar las actividades y la estructura del taller.
2. **Invite a los participantes correctos** : asegúrese de que sus asistentes tengan diversas perspectivas, conocimientos y habilidades para contribuir al taller.
3. **Esté preparado** : Proporcione los materiales y herramientas necesarios, como notas adhesivas, pizarras, marcadores y plantillas para fomentar una colaboración eficaz.
4. **Prepare el escenario** : Comience el taller explicando el propósito, la agenda y los resultados esperados. Fomente la comunicación abierta y el respeto por las ideas de todos los participantes.
5. **Involucre a los participantes** : use varias técnicas y ejercicios para estimular la creatividad y mantener altos los niveles de energía. Rompa el hielo, promueva el trabajo en equipo y facilite la discusión.
6. **Manténgase al día** : como facilitador, es esencial mantener el taller organizado y dentro del cronograma. Esté preparado para guiar la discusión y hacer que el grupo vuelva a la normalidad cuando sea necesario.
7. **Documente los resultados** : capture los conocimientos, las decisiones y las ideas clave generadas durante el taller. Esta documentación garantizará que el equipo pueda consultar los resultados del taller durante el proyecto.

Talleres de diseño colaborativo en entornos remotos

La colaboración remota se ha vuelto común en los entornos de trabajo modernos. Para facilitar talleres de diseño remoto efectivos, considere estas estrategias:

1. **Aproveche las herramientas de colaboración digital** : utilice pizarras digitales, herramientas de gestión de proyectos y plataformas de videoconferencia para simular una experiencia de taller en persona.
2. **Establezca expectativas por adelantado** : comunique claramente los objetivos, la agenda y la preparación requerida para el taller para ayudar a los participantes remotos a comprender mejor el contexto.
3. **Involucre a los participantes remotos** : fomente la participación activa asignando tareas, haciendo preguntas y brindando oportunidades periódicas para recibir aportes y comentarios.
4. **Tenga en cuenta las zonas horarias** : planifique el taller en un horario adecuado para todos los participantes, teniendo en cuenta las zonas horarias y los horarios de trabajo.
5. **Grabe la sesión** : grabe el taller para aquellos que no puedan asistir o utilícelo como referencia más adelante en el proyecto.

Conclusión

Los talleres de diseño colaborativo son una parte esencial del proceso de diseño de UX y ayudan a fomentar la creatividad, la alineación y un enfoque centrado en el usuario. Al incorporar diversas perspectivas, aprovechar los ejercicios colaborativos y promover la comunicación abierta, los equipos de diseño pueden mejorar sus capacidades de resolución de problemas y generar soluciones de diseño impactantes.

3.4 Evaluación y priorización de ideas

Una vez que haya generado numerosas ideas a través de la lluvia de ideas y la investigación, su próximo paso en el proceso de diseño de UX es evaluar y priorizar estas ideas. Sin evaluación y priorización, es posible que se sienta abrumado por la gran cantidad de ideas, lo que dificulta el inicio del diseño del producto real. En esta sección, exploraremos varias técnicas y consejos para evaluar y priorizar ideas de manera efectiva, ayudándolo a tomar decisiones informadas que contribuirán al éxito de su producto.

3.4.1 Identificación de criterios importantes

Antes de sumergirse en la evaluación y priorización de ideas, es crucial identificar primero los criterios más relevantes para sus objetivos de diseño. Estos criterios servirán como base para sopesar la importancia de cada idea en relación con sus objetivos de diseño. Algunos aspectos a considerar al establecer criterios incluyen:

- **Necesidades de los usuarios** : evalúe las ideas en función de su potencial para abordar las necesidades clave de los usuarios y los puntos débiles.
- **Factibilidad** : determine si las ideas son factibles en términos de restricciones técnicas, presupuesto y cronograma.
- **Innovación** : Evaluar el potencial de innovación de las ideas y su capacidad para perturbar el mercado.
- **Deleite del usuario** : evalúe el potencial de cada idea para crear una experiencia de usuario placentera y memorable.
- **Escalabilidad** : determine el grado en que las ideas pueden crecer y adaptarse para acomodar una base de usuarios más grande o funcionalidad adicional con el tiempo.
- **Alineación con los objetivos comerciales** : asegúrese de que las ideas se alineen con las prioridades y los objetivos estratégicos de su organización.

3.4.2 Evaluación de ideas

Con los criterios establecidos, es hora de evaluar cada idea contra esos aspectos clave. Una forma de abordar esto es calificar cada idea usando una escala de calificación (como 1-5 o 1-10) sobre qué tan bien cumplen con cada criterio. Asignar puntajes numéricos le permite cuantificar las fortalezas y debilidades de cada idea, lo que facilita compararlas y priorizarlas.

Para ayudar a garantizar la objetividad en su evaluación, considere involucrar a varios miembros del equipo en el proceso de puntuación. Cada miembro del equipo puede calificar las ideas de forma independiente y luego puede encontrar el promedio para determinar la calificación general. Incluir diversas perspectivas puede ayudar a reducir el sesgo personal y aumentar la confiabilidad de sus hallazgos.

Puntuación ponderada

Al evaluar ideas, algunos criterios pueden tener más importancia que otros. En tales casos, puede utilizar un sistema de puntuación ponderado para dar mayor importancia a criterios específicos. Asigne un peso porcentual a cada criterio, reflejando su importancia para su proyecto de diseño. Multiplique los puntajes por los pesos y luego sume los puntajes ponderados para obtener la evaluación general de cada idea.

3.4.3 Priorización de ideas

Después de evaluar cada idea, puede iniciar el proceso de priorización. Los aspectos a considerar al priorizar ideas incluyen:

• Clasificación por puntajes generales: clasifique las ideas de mayor a menor en función de sus puntajes acumulativos del proceso de evaluación.
• Alineación estratégica: alinee su lista priorizada de ideas con los objetivos estratégicos de su proyecto o empresa, asegurándose de que sus objetivos más importantes se aborden primero.
• Dependencias y requisitos previos: Considere cualquier dependencia entre ideas o si una debe

implementarse antes de que otra pueda continuar. Esta comprensión ayuda a crear una secuencia lógica para la implementación.

- Urgencia y tiempo: identifique cualquier idea que requiera atención inmediata o que deba alinearse con un cronograma específico, como una tendencia o evento de la industria.

Matriz de priorización de ideas

Una forma visual de ayudar a priorizar ideas es mediante el uso de una matriz de priorización de ideas. Esta matriz consta de dos ejes, que normalmente representan dos criterios clave, como el impacto y la viabilidad. Al trazar sus ideas en esta matriz, puede visualizar fácilmente sus prioridades en relación con las demás.

Por ejemplo, las ideas con alto impacto y alta viabilidad se ubicarían en el cuadrante superior derecho, lo que indica que deben priorizarse. Por el contrario, las ideas de bajo impacto y baja factibilidad se ubicarían en el cuadrante inferior izquierdo, lo que indica que deberían perder prioridad o descartarse potencialmente.

3.4.4 Iteración y reevaluación

La evaluación y la priorización deben ser procesos dinámicos, adaptándose a medida que avanza su diseño y se dispone de nueva información. Esta flexibilidad ayuda a garantizar que su diseño permanezca alineado con sus objetivos y las necesidades de sus usuarios. Revise periódicamente sus decisiones de priorización y evaluación para realizar los ajustes necesarios en el camino.

Conclusión

Evaluar y priorizar ideas es un paso crucial en el proceso de diseño de UX. Al identificar criterios importantes, calificar ideas y usar herramientas de visualización como matrices de priorización de ideas, puede tomar decisiones informadas sobre qué ideas buscar en su diseño. Recuerde mantener el proceso dinámico, revisando regularmente sus prioridades a medida que avanza su trabajo. Con estas estrategias implementadas, puede esperar un diseño que satisfaga con éxito las necesidades de sus usuarios y los objetivos de su organización.

3.5 Definición de metas y objetivos de diseño

Cualquier proyecto o diseño exitoso debe tener un conjunto claro de metas y objetivos. En el campo en constante evolución del diseño de UX, tener metas y objetivos de diseño bien definidos es crucial. Esta sección discutirá la importancia y las consideraciones prácticas en la definición de metas y objetivos de diseño, así como las técnicas utilizadas para facilitar este proceso.

Por qué es crucial definir metas y objetivos de diseño

Las metas y objetivos de diseño son esenciales por múltiples razones:

1. **Claridad** : los objetivos bien definidos brindan claridad al proceso de diseño, lo que permite a los diseñadores tomar decisiones informadas al crear una experiencia de usuario.
2. **Enfoque** : la definición de objetivos ayuda a centrar el proceso de diseño en aspectos clave, lo que da como resultado un proceso de diseño más ágil y eficiente.
3. **Medición** : los objetivos de diseño pueden actuar como métricas, lo que permite al equipo de diseño medir la eficacia del diseño frente a objetivos predeterminados.
4. **Comunicación** : los objetivos claros ayudan a comunicar el propósito y la intención del diseño a otros miembros del equipo y partes interesadas.
5. **Motivación** : establecer metas y objetivos puede infundir un sentido de propósito y motivación en el equipo de diseño, inspirándolos a crear mejores diseños.

Consideraciones prácticas en la definición de metas y objetivos de diseño

Antes de pasar a las técnicas en la definición de metas y objetivos, considere los siguientes aspectos prácticos:

Alineación con los objetivos comerciales

Los objetivos de diseño deben alinearse con los objetivos comerciales generales de la organización. Esta alineación garantiza que el diseño de UX contribuya al éxito de la organización y aborde de manera efectiva las necesidades del cliente.

Aporte de las partes interesadas

Es esencial involucrar a las partes interesadas clave en la definición de las metas y objetivos del diseño. Sus aportes aseguran que se consideren todas las perspectivas relevantes, lo que hace que los objetivos sean más completos y holísticos.

Balance

Esfuércese por lograr el equilibrio al definir los objetivos del diseño, teniendo en cuenta aspectos como la usabilidad, la conveniencia, el valor y la viabilidad. Un enfoque equilibrado asegura que el diseño satisfaga efectivamente las necesidades del usuario sin dejar de ser práctico y alcanzable.

Realismo

Los objetivos del diseño deben ser realistas y alcanzables dentro del alcance y las limitaciones del proyecto. Establecer objetivos poco realistas puede generar frustración y desmoralización dentro del equipo de diseño.

Técnicas para definir metas y objetivos de diseño

Después de considerar los aspectos prácticos de la definición de metas de diseño, exploremos algunas técnicas para ayudar a crear metas y objetivos claros y efectivos:

Criterios SMART

Un enfoque ampliamente utilizado para definir objetivos es el criterio SMART. Asegura que los objetivos sean específicos, medibles, alcanzables, relevantes y de duración determinada. Este enfoque ayuda a crear objetivos procesables bien definidos que producen resultados medibles.

Investigación de usuarios

La investigación del usuario es una herramienta invaluable para definir los objetivos del diseño. Se pueden utilizar métodos de investigación, como entrevistas y encuestas, para recopilar información sobre las necesidades y preferencias de los usuarios. Estos conocimientos se pueden traducir en objetivos de diseño que aborden las necesidades del usuario directamente.

Análisis de la competencia

Analizar a los competidores es una forma efectiva de identificar objetivos de diseño potenciales. Al evaluar las fortalezas y debilidades de los competidores, los diseñadores pueden identificar áreas en las que su diseño puede sobresalir y ofrecer un mayor valor a los usuarios.

personas

Las personas son personajes ficticios que representan diferentes tipos de usuarios dentro de un público objetivo. La creación de personas puede facilitar la definición de objetivos de diseño al proporcionar una representación tangible del usuario. Las personas ayudan a los diseñadores a identificar las necesidades de sus usuarios y desarrollar objetivos que se ajusten a ellas.

Matriz de Priorización

Una vez que se genera una lista de posibles objetivos de diseño, es necesario priorizarlos. Una matriz de priorización puede ayudar a lograr esto al clasificar los objetivos en función de factores como el impacto, la viabilidad y la alineación con los objetivos comerciales.

Consejos para definir metas y objetivos de diseño

- **Sea conciso** : Los objetivos claros y concisos son más fáciles de entender y actuar.
- **Manténgase centrado en el usuario** : concéntrese en las necesidades y los deseos del usuario al definir los objetivos de diseño.
- **Iterar** : a medida que avanza el proyecto, revise y revise las metas y objetivos siempre que sea necesario.
- **Garantice la aceptación** : asegúrese de que todas las partes interesadas estén de acuerdo con las metas y objetivos del diseño, fomentando un sentido de propósito y comprensión compartidos.

En conclusión, definir metas y objetivos de diseño es un aspecto crítico del diseño de UX. Una comprensión profunda de las consideraciones prácticas y las técnicas descritas en esta sección permitirá a los diseñadores crear objetivos significativos y prácticos que impulsen el éxito de sus diseños. Recuerde permanecer centrado en el usuario, aceptar los aportes de las partes interesadas y adaptar iterativamente los objetivos para garantizar un proceso de diseño dinámico y efectivo.

Capítulo 4: Wireframing y creación de prototipos: dar vida a las ideas

En los capítulos anteriores, exploramos la importancia de comprender las necesidades de los usuarios, incorporar un enfoque de diseño centrado en el usuario y crear una base sólida en los principios de diseño de UX. Ahora, estamos listos para dar vida a nuestras ideas de diseño mediante la creación de estructuras alámbricas y prototipos.

Wireframing y creación de prototipos sirven como etapas críticas en el proceso de diseño, lo que permite a los diseñadores conceptualizar y comunicar sus ideas con los demás. En este capítulo, cubriremos todo lo que necesita saber sobre el wireframing y la creación de prototipos, desde sus distintos objetivos y beneficios hasta las mejores prácticas y varias herramientas para dar vida a sus ideas de diseño de UX.

Sección 4.1: Wireframing: sentando las bases

Una estructura alámbrica es una representación visual básica de una interfaz de usuario, que actúa como modelo para su diseño. Describe la estructura y el diseño de una página, como un esqueleto o marco. Al centrarse en la jerarquía y la funcionalidad del contenido, los wireframes ayudan a aclarar sus ideas y repetirlas rápidamente.

4.1.1: El Propósito del Wireframing

Los wireframes lo ayudan a usted y a otras partes interesadas a comprender los siguientes aspectos de una interfaz:

1. Estructura: Un wireframe define la estructura fundamental de una página, distinguiendo áreas de contenido, navegación y elementos interactivos necesarios para la experiencia del usuario.
2. Jerarquía de la información: al organizar el contenido y otros elementos dentro de un diseño, los wireframes ilustran la importancia de los diferentes elementos de la página y establecen cómo los usuarios interactuarán con ellos.
3. Funcionalidad: Los wireframes ilustran elementos interactivos, demostrando cómo los usuarios navegarán por la interfaz y los requisitos funcionales necesarios para la implementación.
4. Relación entre páginas: los wireframes sientan las bases para comprender las interacciones de página a página al representar el flujo de contenido a través de la interfaz.

4.1.2: Fidelidad de estructura alámbrica: baja, media y alta

Los wireframes se pueden crear con diferentes niveles de detalle o fidelidad. Aquí están los tres tipos comunes de wireframes:

1. Baja fidelidad: Wireframes rápidos y simples que a menudo se dibujan a mano. Por lo general, se componen de formas y líneas simples para representar marcadores de posición de elementos, lo que los hace ideales para sesiones de lluvia de ideas y comentarios iniciales.

2. Fidelidad media: Estructuras alámbricas ligeramente más detalladas que incluyen etiquetas y marcadores de posición para texto, botones e imágenes. Ofrecen una comprensión más clara del diseño, la jerarquía del contenido y la funcionalidad básica.
3. Alta fidelidad: estas estructuras alámbricas están más pulidas y se parecen mucho al diseño final. Incluyen contenido detallado, imágenes reales, opciones tipográficas específicas y elementos de interfaz de usuario con interactividad.

4.1.3: Creación de Wireframes: mejores prácticas y herramientas

1. Comience con lápiz y papel: comience dibujando estructuras alámbricas en papel: es rápido, económico y le permite iterar rápidamente. Esta etapa se trata de sacar ideas de tu cabeza e identificar cualquier problema potencial con tu diseño.
2. Prioriza la simplicidad: evita usar colores, íconos detallados o imágenes en tus wireframes. Concéntrese en la estructura, la jerarquía del contenido y la funcionalidad de la interfaz, en lugar de su atractivo estético.
3. Iterar, iterar, iterar! Wireframing se trata de probar ideas rápidamente y obtener comentarios. Asegúrese de involucrar a las partes interesadas y los usuarios lo antes posible, incorporando sus comentarios para crear mejores soluciones de diseño.

Hay numerosas herramientas disponibles para crear wireframes, algunos ejemplos incluyen Balsamiq, Sketch, Figma y Adobe XD. Elija una herramienta que se adapte a sus necesidades, presupuesto y nivel de comodidad.

Sección 4.2: Creación de prototipos: dar vida a sus diseños

La creación de prototipos va más allá de la naturaleza estática de los wireframes al proporcionar una representación más realista e interactiva del producto final. En esencia, los prototipos simulan la experiencia de usar una aplicación o un sitio web, lo que permite que las partes interesadas vean y sientan el diseño.

4.2.1: El propósito de la creación de prototipos

Los prototipos ofrecen varios beneficios en el proceso de diseño:

1. Interactividad: al simular la experiencia del usuario, los prototipos permiten a las partes interesadas interactuar con los elementos de diseño, descubriendo cualquier problema de usabilidad antes de invertir en el desarrollo.
2. Comentarios y colaboración: compartir prototipos con usuarios y partes interesadas promueve conversaciones significativas sobre el diseño, lo que lleva a soluciones mejoradas.
3. Pruebas y validación: la creación de prototipos le permite realizar pruebas de usabilidad con los usuarios, recopilando comentarios sobre elementos de diseño específicos o la funcionalidad general.

4.2.2: Tipos de prototipos: de baja fidelidad a alta fidelidad

Se pueden diseñar prototipos con diferentes niveles de fidelidad:

1. Baja fidelidad: estos prototipos son representaciones simples del diseño, a menudo creados con papel, PowerPoint o herramientas digitales simples. Se centran en las interacciones básicas y las ideas de diseño, lo que proporciona una manera rápida y fácil de obtener comentarios individuales.
2. Fidelidad media: un prototipo más detallado que incluye el diseño visual y se crea con herramientas digitales. La funcionalidad puede ser limitada, pero el prototipo puede proporcionar una mejor comprensión del flujo de usuarios y la experiencia general.
3. Alta fidelidad: El prototipo más realista e interactivo que se acerca mucho al producto final. Los elementos de diseño, la funcionalidad y las interacciones se asemejan mucho al resultado final, y se pueden usar prototipos de alta fidelidad para realizar pruebas y validaciones de usabilidad en profundidad.

4.2.3: Creación de prototipos: mejores prácticas y herramientas

1. Elija la fidelidad adecuada: las diferentes etapas del proceso de diseño requieren distintos niveles de detalle en los prototipos. Asegúrese de elegir la fidelidad correcta que se alinee con los objetivos del proyecto y las necesidades de las partes interesadas.

2. Comience de manera simple: comience con prototipos de baja fidelidad para probar las interacciones y funcionalidades básicas de su diseño. A medida que evolucione su diseño, incorpore los comentarios de los usuarios y de las partes interesadas para crear prototipos más detallados.
3. Pruebe pronto y con frecuencia: los prototipos son una excelente herramienta para realizar pruebas de usabilidad. Comience a probar tan pronto como tenga un prototipo básico y continúe iterando según los comentarios de los usuarios.

Las herramientas populares para la creación de prototipos incluyen Sketch, Figma, Adobe XD, InVision y Axure. Seleccione la herramienta que se ajuste a su flujo de trabajo, requisitos del proyecto y presupuesto.

Sección 4.3: Del modelo alámbrico al prototipo: diseño del flujo de usuario

Un diseño de UX exitoso no se puede lograr a través de elementos o páginas aislados; se basa en el flujo coherente y continuo de las interacciones del usuario en toda la interfaz. Esta sección proporciona una descripción general de cómo diseñar flujos de usuarios que se alineen con los objetivos del usuario y creen una experiencia cohesiva.

1. Comience con sus personajes de usuario y sus objetivos: ¿Recuerda los personajes de usuario que creó en etapas anteriores? ¡Ahora es el momento de volver a visitarlos! Comprenda sus necesidades,

motivaciones y objetivos, y diseñe el flujo de usuarios para adaptarse a sus objetivos de una manera fluida e intuitiva.

2. Cree un inventario de contenido: según sus esquemas, compile una lista de todo el contenido y los elementos de la interfaz de usuario en cada página. Organice y clasifique este inventario para garantizar que toda la información y las funciones necesarias se incluyan en el flujo de usuarios.

3. Traza el viaje del usuario: con una comprensión clara del contenido y los objetivos del usuario, crea una representación visual de cómo los usuarios navegarán a través de la interfaz. Este mapa debe representar el flujo de páginas, interacciones y puntos de decisión, ilustrando claramente el camino hacia el logro de los objetivos del usuario.

Conclusión

Wireframing y creación de prototipos juegan un papel fundamental para dar vida a sus ideas de diseño de UX. Al adoptar las mejores prácticas, aprovechar las herramientas apropiadas e involucrar a las partes interesadas durante todo el proceso, creará diseños que satisfagan las necesidades de los usuarios y brinde experiencias de usuario memorables.

En el próximo capítulo, profundizaremos en el mundo de los principios de diseño visual y exploraremos cómo influyen en la experiencia del usuario, ayudándole a crear interfaces estéticamente agradables y fáciles de usar que agregan valor a su producto o servicio.

4.1 El papel de los wireframes en el diseño de UX

Los wireframes son una parte esencial del proceso de diseño de UX. Actúan como representaciones visuales simples o planos de los diferentes elementos de un sitio web o aplicación, lo que ayuda a los diseñadores a planificar y optimizar la experiencia del usuario. En esta sección, exploraremos el papel de los wireframes en el diseño de UX, comprenderemos sus beneficios y aprenderemos cómo crearlos y utilizarlos de manera efectiva en sus proyectos.

¿Qué son los Wireframes?

Una estructura alámbrica es un diseño básico o esqueleto de una interfaz de usuario (UI) que representa la disposición de diferentes elementos como texto, imágenes, botones y menús de navegación en una pantalla. Sirve como guía para que los diseñadores visualicen la jerarquía del contenido, planifiquen la funcionalidad y administren el flujo de usuarios entre diferentes páginas o secciones. Los wireframes pueden ir desde simples dibujos en lápiz y papel hasta diseños digitales creados con herramientas profesionales de wireframing como Sketch, Figma o Adobe XD.

La importancia de los wireframes en el diseño de UX

Los wireframes juegan un papel crucial en el proceso de diseño de UX por varias razones:

1. **Comunicación y colaboración:** los wireframes lo ayudan a transmitir sus ideas y conceptos de diseño a clientes, partes interesadas y miembros del equipo de manera más clara y efectiva. Pueden cerrar la brecha entre los equipos de diseño y desarrollo, facilitando la colaboración en proyectos y asegurando que todos estén en sintonía con respecto al resultado deseado.

2. **Ahorro de tiempo y recursos:** la creación de estructuras alámbricas al principio del proceso de diseño puede ayudar a identificar posibles problemas o incoherencias, lo que le permite realizar los cambios necesarios antes de invertir tiempo y recursos en la creación de diseños o prototipos de alta fidelidad. Esto puede ahorrarle costosos rediseños y reelaboraciones más adelante en el ciclo de vida del proyecto.

3. **Jerarquía de contenido y planificación del diseño:** los wireframes permiten a los diseñadores priorizar y organizar el contenido, asegurando que los elementos cruciales sean fácilmente accesibles y estéticamente agradables. Esto ayuda a crear una experiencia de usuario fluida e intuitiva que satisface las necesidades de su público objetivo.

4. **Pruebas de usabilidad y comentarios:** los wireframes también pueden servir como base para las pruebas de usabilidad y la recopilación de comentarios de los usuarios finales. Probar estructuras alámbricas le permite identificar posibles

puntos débiles y áreas de mejora en el diseño, lo que puede informar sus decisiones de diseño en el futuro.

Tipos de estructuras alámbricas

Hay tres tipos principales de wireframes que los diseñadores suelen utilizar en su proceso de diseño de UX:

1. **Wireframes de baja fidelidad:** estos wireframes a menudo se dibujan a mano o se crean utilizando herramientas digitales básicas, centrándose principalmente en el diseño y la estructura de la interfaz. Los wireframes de baja fidelidad son rápidos y fáciles de crear, lo que los convierte en un punto de partida ideal para explorar ideas e iterar diseños.
2. **Wireframes de fidelidad media:** los wireframes de fidelidad media contienen más detalles que los wireframes de baja fidelidad, como anotaciones adicionales, estilos de fuente y elementos específicos de la interfaz de usuario. Sin embargo, todavía carecen de elementos de diseño visual como colores, imágenes y tipografía final. Estos esquemas son útiles para analizar el flujo de usuarios, la navegación y la jerarquía de contenido con más detalle.
3. **Estructuras alámbricas de alta fidelidad:** las estructuras alámbricas de alta fidelidad son las más detalladas y pulidas, y se asemejan mucho al diseño final de la interfaz de usuario. Estos esquemas a menudo incluyen elementos de diseño visual como colores, tipografía e imágenes, lo que brinda una representación más precisa del producto terminado. Los wireframes de alta fidelidad se utilizan normalmente para presentar diseños a las partes

interesadas y los desarrolladores, así como para
realizar pruebas de usabilidad con los usuarios.

Consejos para crear wireframes efectivos

Para aprovechar al máximo los wireframes en su
proceso de diseño de UX, considere seguir estas
mejores prácticas:

1. **Comience con estructuras alámbricas de baja
fidelidad:** comenzar con bocetos simples dibujados a
mano le permite explorar rápidamente varias ideas de
diseño e iterar sobre ellas sin invertir una cantidad
significativa de tiempo y esfuerzo. Esto puede
ayudarlo a establecer una base sólida antes de pasar
a esquemas digitales más detallados.
2. **Concéntrese en la jerarquía de contenido y el
flujo de usuarios:** recuerde que el objetivo principal
de una estructura alámbrica es planificar el diseño y
el flujo de usuarios de la interfaz. Evite quedar
atrapado en los detalles del diseño visual en esta
etapa y, en su lugar, concéntrese en la estructura, la
organización y la jerarquía del contenido.
3. **Use patrones y elementos de IU consistentes:**
utilice patrones y elementos de IU comunes para
asegurarse de que su wireframe ofrezca una
experiencia de usuario intuitiva y sin inconvenientes.
La consistencia puede ayudar a sus usuarios a
navegar e interactuar fácilmente con su diseño,
reduciendo posibles frustraciones.
4. **Solicite comentarios e itere:** comparta sus
esquemas con clientes, partes interesadas y
miembros del equipo para recopilar información

valiosa y realizar los ajustes necesarios en su diseño. Esté abierto a comentarios y críticas, ya que puede ayudarlo a identificar posibles áreas de mejora y crear una experiencia de usuario más efectiva.

5. **Documente y anote sus wireframes:** agregue anotaciones detalladas a sus wireframes para explicar la funcionalidad y el propósito de elementos específicos de la interfaz de usuario. Esto puede ayudar a aclarar sus intenciones de diseño, especialmente al presentar sus esquemas a clientes o desarrolladores.

En conclusión, los wireframes son una herramienta indispensable para los diseñadores de UX, ya que ayudan a visualizar y planificar la experiencia del usuario de un sitio web o una aplicación. Al utilizar wireframes de manera efectiva, puede mejorar en gran medida la calidad y la eficacia de sus diseños, lo que lleva a productos más exitosos y agradables para sus usuarios.

4.2 Creación de prototipos de baja y alta fidelidad

Cuando se trata de crear un producto o servicio digital, la creación de prototipos juega un papel crucial en el proceso de diseño de UX. Un prototipo es un paso esencial para ayudar a los diseñadores, desarrolladores y partes interesadas a alinear sus ideas y visiones, permitiéndoles probar y validar los diseños antes de comprometerse a construir el producto final. Como diseñador de UX, es importante comprender tanto los prototipos de baja fidelidad como los de alta fidelidad, sus diferencias, beneficios y cómo crearlos y usarlos.

Prototipos de baja fidelidad

La creación de prototipos de baja fidelidad, como sugiere el nombre, se refiere a la creación de una versión básica y simplificada de su diseño con una funcionalidad mínima. Esto puede incluir bocetos simples dibujados a mano, estructuras alámbricas o modelos en papel que no son interactivos o tienen una interactividad limitada.

Beneficios de los prototipos de baja fidelidad

- Velocidad: los prototipos de baja fidelidad se pueden crear rápidamente, lo que permite al diseñador explorar, iterar y probar múltiples ideas de manera eficiente.
- Rentabilidad: requieren menos tiempo y recursos para crear y realizar cambios, lo que permite una mayor experimentación con los diseños.
- Centrarse en la funcionalidad: como los diseños son simples, permiten que los diseñadores y las partes interesadas se concentren en la estructura y la funcionalidad generales sin distraerse con el contenido o las imágenes.
- Colaboración: los prototipos de baja fidelidad son fáciles de entender, lo que permite la comunicación y

la colaboración en equipo, ya que permite que todos contribuyan con sus ideas y comentarios.

Creación de prototipos de baja fidelidad

1. **Determine sus objetivos** : identifique las características clave, los flujos de usuarios y el problema que pretende resolver a través del prototipo. Establezca un propósito claro para crear el prototipo antes de comenzar a dibujar o diseñar.
2. **Elija una herramienta** : según el nivel de detalle que necesite y sus preferencias, puede optar por bocetos dibujados a mano, herramientas de estructura alámbrica o software de presentación simple como PowerPoint o Keynote.
3. **Esboce sus ideas** : comience con bocetos aproximados del diseño, la estructura general y los elementos clave, como la navegación, los botones o los formularios.
4. **Cree pantallas y estructuras alámbricas** : perfeccione sus bocetos en estructuras alámbricas más detalladas. Esto puede incluir diseños básicos de cada pantalla, junto con botones, etiquetas, encabezados y contenido.
5. **Agregue interacciones** : si es necesario, puede agregar interacciones básicas como clics en botones, navegación entre pantallas usando herramientas como InVision o Marvel.
6. **Pruebe e itere** : comparta el prototipo con las partes interesadas o usuarios potenciales, recopile comentarios, itere y perfeccione su diseño en función de sus conocimientos.

Prototipos de alta fidelidad

La creación de prototipos de alta fidelidad implica la creación de versiones más detalladas, interactivas y más cercanas a la final de su diseño. Estos prototipos incorporan imágenes, contenido, animaciones e interacciones, que se asemejan mucho al producto final.

Beneficios de los prototipos de alta fidelidad

- Realismo: los prototipos de alta fidelidad ayudan a los usuarios, partes interesadas y diseñadores a visualizar y comprender cómo se verá y funcionará el producto final.
- Pruebas de usabilidad: permiten realizar pruebas más precisas de usabilidad, contenido e interacciones con los usuarios.
- Colaboración: los prototipos de alta fidelidad son útiles para comunicar especificaciones e ideas de diseño a los desarrolladores u otros miembros del equipo que trabajarán en el producto final.
- Aceptación de las partes interesadas: pueden ayudar a convencer a las partes interesadas del valor y el potencial de un diseño.

Creación de prototipos de alta fidelidad

1. **Determine sus objetivos** : al igual que con la creación de prototipos de baja fidelidad, establezca el

propósito, los flujos de usuarios y las funciones clave que desea representar y probar en su prototipo de alta fidelidad.

2. **Elija una herramienta** : use herramientas de diseño profesional como Sketch, Figma, Adobe XD o similares para crear imágenes e interacciones de alta calidad para su prototipo.

3. **Cree diseños de interfaz de usuario detallados** : basándose en sus esquemas, cree diseños de interfaz de usuario pulidos que incorporen tipografía, color, íconos y otros elementos visuales. Este paso puede implicar trabajar en estrecha colaboración con los diseñadores de UI.

4. **Agregue interacciones y animaciones** : use herramientas de creación de prototipos como ProtoPie, Principle o herramientas integradas en Figma o Adobe XD para crear interacciones, transiciones y animaciones que repliquen cómo funcionará el producto final.

5. **Pruebe e itere** : realice pruebas de usabilidad con los usuarios, recopile comentarios de las partes interesadas y continúe refinando y mejorando su prototipo en función de los conocimientos recopilados.

6. **Entregar los diseños a los desarrolladores** : una vez que se apruebe el prototipo, deberá proporcionar a los desarrolladores las especificaciones de diseño, los activos y otra información relevante necesaria para construir el producto final.

Conclusión

Tanto los prototipos de baja fidelidad como los de alta fidelidad tienen diferentes propósitos en el proceso de diseño de UX. Los prototipos de baja fidelidad son rápidos, rentables y ayudan a comunicar el concepto y la funcionalidad generales, mientras que los prototipos de alta fidelidad brindan una representación más realista del producto final, lo que permite pruebas de usabilidad precisas y la aceptación de las partes interesadas.

Como diseñador de UX, es esencial comprender cuándo usar cada tipo de prototipo y dominar las herramientas y los procesos necesarios para crearlos e iterarlos. Al aprovechar de manera efectiva los prototipos de baja y alta fidelidad, puede garantizar una validación, comunicación y colaboración exitosas en sus proyectos de diseño de UX.

4.3 Software y herramientas de creación de prototipos interactivos

La creación de prototipos interactivos es una parte esencial del proceso de diseño de UX. Permite a los diseñadores probar y validar sus ideas, asegurando que las interfaces de usuario y las interacciones sean efectivas y atractivas. Para facilitar esto, se han desarrollado numerosas herramientas y software para ayudar en la creación de prototipos interactivos. En esta sección, exploraremos algunas de las herramientas más populares y poderosas para la creación de prototipos interactivos disponibles en el mercado.

4.3.1 Adobe XD

Adobe XD es una herramienta de diseño de experiencia de usuario basada en vectores desarrollada por Adobe Systems. Permite a los diseñadores crear estructuras alámbricas, maquetas y prototipos interactivos para aplicaciones web y móviles. Adobe XD ofrece una amplia gama de características, que incluyen:

- Herramientas colaborativas para compartir en tiempo real, comentarios y gestión de activos
- Diseño receptivo y capacidades de vista previa del dispositivo
- Integración con aplicaciones de Adobe Creative Cloud como Photoshop e Illustrator
- La capacidad de crear elementos de interfaz de usuario reutilizables llamados Componentes

Adobe XD está disponible para los sistemas operativos Mac y Windows.

4.3.2 Croquis

Sketch es un software solo para Mac que se utiliza principalmente para diseñar interfaces de usuario e iconos de píxeles perfectos. Cuenta con una amplia gama de herramientas para crear una interfaz de usuario que se adapta a diferentes dispositivos y tamaños de pantalla. Algunas características notables de Sketch incluyen:

- Símbolos, componentes de interfaz de usuario reutilizables que se pueden actualizar fácilmente en todo el proyecto
- Capacidades de exportación que facilitan la generación de activos para los desarrolladores
- Complementos e integraciones con herramientas populares como InVision, Zeplin y Abstract
- Un potente kit de herramientas de edición de vectores para el diseño de IU y de iconos

4.3.3 Estudio InVision

InVision Studio es una plataforma de diseño todo en uno creada para diseñar, crear prototipos y colaborar en proyectos. InVision Studio ofrece funciones para diseño y creación de prototipos, como:

- Organización flexible de capas y mesas de trabajo para una mejor gestión de proyectos
- Herramientas de diseño receptivo que adaptan sus diseños a diferentes tamaños de pantalla y orientaciones de dispositivos
- Robustas capacidades de control de versiones y resolución de conflictos
- Animaciones y transiciones avanzadas para crear prototipos interactivos y atractivos

InVision Studio está disponible para los sistemas operativos Mac y Windows.

4.3.4 Figura

Figma es una herramienta de diseño basada en la nube que facilita la colaboración entre diseñadores y partes interesadas en tiempo real. Las características de Figma incluyen:

● Colaboración multijugador, con la capacidad de trabajar en el mismo archivo simultáneamente
● Un sistema de diseño compartido para mantener una apariencia uniforme en todos los proyectos
● Capacidades de creación de prototipos que incluyen interacciones y animaciones
● Funcionalidad de diseño automático para hacer que el diseño receptivo sea muy sencillo

Se puede acceder a Figma a través de un navegador o mediante aplicaciones de escritorio para los sistemas operativos Mac y Windows.

4.3.5 Axure RP

Axure RP es una poderosa herramienta de creación de prototipos que se adapta a interacciones y flujos de usuarios más complejos. Con Axure, los diseñadores pueden crear prototipos detallados y de alta fidelidad sin escribir ningún código. Las características de Axure RP incluyen:

● Interfaz de arrastrar y soltar para crear prototipos interactivos desde cero
● Lógica condicional y contenido dinámico para simular experiencias de usuario realistas
● Componentes de diseño personalizados y una amplia biblioteca de widgets listos para usar
● Características colaborativas para proyectos basados en equipos

Axure RP está disponible para los sistemas operativos Mac y Windows.

4.3.6 Principio

Principle es un software solo para Mac orientado a la creación de animaciones e interacciones avanzadas para el diseño de la interfaz de usuario. Principle se destaca por su capacidad para hacer prototipos complejos e interactivos con facilidad. Algunas de sus características incluyen:

- Una interfaz basada en la línea de tiempo que simplifica el proceso de creación de animaciones y transiciones
- Un diseño basado en componentes, que permite la reutilización y la coherencia en todas las mesas de trabajo
- La capacidad de importar diseños de Sketch y Figma

4.3.7 Proto.io

Proto.io es una herramienta de creación de prototipos basada en la web que se centra en la creación de prototipos de aplicaciones móviles, con gestos táctiles, animaciones y transiciones. Con Proto.io, los diseñadores pueden:

- Diseñe directamente en el navegador o importe activos desde Sketch o Photoshop
- Aproveche las bibliotecas integradas de los componentes de la interfaz de usuario de iOS y Android
- Use complementos e integraciones para colaboración y pruebas de usuario

- Colabore con los miembros del equipo y las partes interesadas compartiendo un enlace en vivo al prototipo

4.3.8 Maravilla

Marvel es otra plataforma de creación de prototipos basada en navegador. Permite a los diseñadores crear prototipos interactivos fácil y rápidamente. Marvel ofrece:

- Una interfaz fácil de usar para diseñar, crear prototipos y probar
- Integraciones con herramientas como Sketch, Dropbox y Google Drive
- Un entorno colaborativo para equipos, que incluye comentarios y funcionalidades de retroalimentación.
- La capacidad de crear pruebas de usuario y capturar comentarios directamente desde su prototipo

Conclusión

Con la gran cantidad de software y herramientas de creación de prototipos interactivos disponibles, es fundamental elegir el que mejor se adapte a las necesidades específicas de su proyecto, el tamaño del equipo y las preferencias personales. Al explorar estas opciones, estará bien encaminado para dominar el arte del diseño de UX y crear experiencias atractivas e interactivas para los usuarios.

4.4 Pruebas e iteraciones en prototipos

Una vez que haya creado sus prototipos, el siguiente paso en el proceso de diseño de UX es probar e iterar estos diseños. La prueba es un componente esencial del proceso de diseño, ya que le permite recopilar comentarios valiosos, identificar puntos débiles y tomar decisiones basadas en datos para mejorar la experiencia del usuario. En esta sección, exploraremos la importancia de probar e iterar prototipos, los diversos métodos de prueba y las mejores prácticas para probar e iterar de manera efectiva.

La importancia de probar e iterar prototipos

Probar e iterar prototipos es crucial por varias razones:

1. **Identificación de problemas de usabilidad:** sin las pruebas adecuadas, es posible que no identifique posibles problemas de usabilidad, lo que lleva a una experiencia de usuario menos que óptima una vez que se lanza el producto. Las pruebas le permiten encontrar y solucionar estos problemas antes de que el producto llegue a los usuarios finales.
2. **Suposiciones de prueba:** el proceso de diseño a menudo está lleno de suposiciones sobre el comportamiento, las preferencias y las necesidades

del usuario. Las pruebas le permiten validar estas suposiciones y hacer los ajustes necesarios para crear un mejor diseño.

3. **Ahorro de tiempo y recursos:** cuanto antes identifique y resuelva los problemas de usabilidad, menos tiempo y esfuerzo necesitará para solucionarlos. Probar e iterar prototipos puede ahorrar tiempo, esfuerzo y dinero a largo plazo al minimizar la necesidad de cambios importantes y rediseños más adelante en el proceso de desarrollo.

4. **Aumentar la satisfacción del usuario:** probar prototipos garantiza que el producto cumpla con las expectativas del usuario y proporcione una experiencia agradable. Esto, a su vez, se traduce en una mayor satisfacción, lealtad y retención del usuario.

Métodos de prueba

Existen varios métodos para probar prototipos, que incluyen pero no se limitan a:

1. Pruebas de usabilidad

Las pruebas de usabilidad implican observar a los usuarios reales mientras interactúan con su prototipo para identificar cualquier problema de usabilidad. Esto se puede hacer en persona o de forma remota utilizando varias herramientas de prueba de usabilidad. Algunos métodos comunes para las pruebas de usabilidad incluyen:

- **Protocolo de pensamiento en voz alta:** se pide a los usuarios que verbalicen sus pensamientos mientras interactúan con el prototipo, proporcionando información sobre su proceso de pensamiento y descubriendo cualquier problema que puedan encontrar.

- **Pruebas basadas en tareas:** los usuarios reciben tareas específicas para completar utilizando el prototipo, lo que le permite medir la eficiencia, la eficacia y la satisfacción de su diseño.
- **Análisis del primer clic:** este método consiste en observar el primer clic que hacen los usuarios en el prototipo, lo que lo ayuda a determinar si los usuarios pueden navegar fácilmente a su destino utilizando su diseño.

2. Pruebas A/B

Las pruebas A/B implican crear dos o más variaciones de su prototipo y luego asignar aleatoriamente a los usuarios para que interactúen con cada versión. El propósito es determinar qué variación funciona mejor en términos de objetivos de diseño específicos, como conversiones, finalización de tareas y satisfacción del usuario.

3. Revisión de expertos

Las revisiones de expertos consisten en que expertos en usabilidad o diseño evalúen su prototipo para identificar problemas y brindar recomendaciones basadas en su experiencia. Este método puede ser útil para identificar rápidamente problemas críticos que los usuarios podrían no reconocer o no tener la capacidad de articular.

4. Evaluación heurística

La evaluación heurística es otra técnica de revisión experta, en la que se examina el prototipo en función de las heurísticas de usabilidad establecidas. Puede identificar problemas que pueden no aparecer durante las pruebas de usabilidad, proporcionando una evaluación más completa de su diseño.

5. Análisis y seguimiento

Las herramientas de análisis y seguimiento se pueden utilizar para evaluar el rendimiento de su prototipo en términos de comportamiento del usuario, flujos de usuario y finalización de tareas. Esto lo ayuda a generar conocimientos basados en datos que pueden informar sus decisiones de diseño.

Mejores prácticas para probar e iterar prototipos

Para garantizar pruebas e iteraciones efectivas, tenga en cuenta las siguientes prácticas recomendadas:

1. **Comience a probar temprano y con frecuencia:** comience a probar tan pronto como tenga un prototipo, incluso si es una versión de baja fidelidad. Las pruebas tempranas ayudan a identificar problemas importantes antes de invertir tiempo y esfuerzo en perfeccionar el diseño.
2. **Incorpore un conjunto variado de usuarios:** incluya una gama diversa de usuarios en su proceso de prueba para capturar una visión más completa de

la experiencia del usuario. Esto garantiza que su diseño satisfaga las necesidades de diferentes tipos de usuarios y casos de uso.

3. **Iterar en función de los comentarios:** use los conocimientos de las pruebas para informar su próxima iteración del prototipo. Asegúrese de repetir su diseño para abordar cualquier problema identificado y mejorar continuamente la experiencia del usuario.

4. **Mida el éxito utilizando métricas relevantes:** establezca métricas específicas para medir el éxito de su diseño, como la tasa de finalización de tareas, la tasa de error o las puntuaciones de satisfacción del usuario. Estas métricas lo ayudarán a determinar si los cambios realizados durante el proceso de iteración tienen un impacto y si es necesario realizar pruebas adicionales.

5. **Documente los hallazgos y la información:** mantenga una documentación completa de los resultados de sus pruebas, incluidos los problemas identificados, las recomendaciones realizadas y las iteraciones de diseño. Esta documentación puede resultar invaluable para futuras decisiones de diseño e informes sobre el éxito de su diseño.

En general, probar e iterar prototipos es un aspecto crítico del proceso de diseño de UX. Le permite crear un diseño mejor y más refinado que proporciona una experiencia de usuario óptima. Al aprovechar varios métodos de prueba y seguir las mejores prácticas, puede asegurarse de que su diseño satisfaga las necesidades y expectativas de sus usuarios objetivo mientras se adhiere a las tendencias futuras en el diseño de UX.

4.5 Comunicación de los conceptos de diseño a las partes interesadas

Cuando se trabaja en un proyecto de diseño de UX, es esencial comunicar de manera efectiva sus conceptos de diseño a las partes interesadas. Las partes interesadas, en este caso, pueden incluir clientes, gerencia, miembros del equipo o cualquier otra persona o grupo con un interés personal en el éxito del proyecto. A menudo, estas partes interesadas tienen diferentes niveles de experiencia técnica, preocupaciones, expectativas y deseos.

En esta sección, exploraremos algunas estrategias clave para presentar de manera clara y persuasiva sus conceptos de diseño a las partes interesadas, asegurándonos de que comprendan el valor y el potencial de su trabajo. Al considerar sus necesidades, preferencias e inquietudes, puede adaptar su estilo y contenido de comunicación para optimizar la participación y el apoyo de las partes interesadas.

Elegir el formato de comunicación adecuado

Seleccionar el formato apropiado para presentar sus conceptos de diseño depende de las necesidades y preferencias específicas de sus partes interesadas.

Algunos pueden preferir una presentación en vivo, mientras que otros pueden preferir un informe detallado o un prototipo interactivo. Es esencial determinar qué formatos transmitirán mejor su mensaje y atraerán a su audiencia.

Los formatos comunes para comunicar conceptos de diseño a las partes interesadas incluyen:

- **Informes escritos:** estos documentos pueden proporcionar explicaciones detalladas de sus conceptos de diseño y comunicar datos mediante cuadros, gráficos y tablas. Este formato permite a las partes interesadas revisar y absorber la información a su propio ritmo.
- **Presentaciones de diapositivas:** las presentaciones de diapositivas pueden mostrar elementos visuales y breves contenidos escritos uno al lado del otro, lo que ofrece un equilibrio entre la información visual y la textual. Las presentaciones son particularmente útiles para reuniones en persona o virtuales con las partes interesadas.
- **Prototipos interactivos:** los prototipos pueden demostrar la funcionalidad y la interactividad de su diseño, lo que permite a las partes interesadas experimentar cómo podría funcionar en un entorno de la vida real. Este formato puede ser especialmente efectivo para transmitir la 'sensación' del diseño y exhibir características innovadoras.
- **Videos:** un video bien producido puede demostrar sus conceptos de diseño mediante animaciones, grabaciones de pantalla y demostraciones en vivo. Este formato es útil para demostrar visualmente conceptos o procesos complejos que pueden no entenderse fácilmente a través de imágenes o texto estáticos.

- **Infografías:** si tiene conceptos de diseño con muchos datos, una infografía visualmente atractiva puede ser la mejor manera de comunicar sus hallazgos. Trate de usar gráficos llamativos que simplifiquen los puntos de datos complejos para una comprensión más fácil.

Principios rectores para comunicar conceptos de diseño de manera efectiva

1. Conozca a su audiencia

Comprender las necesidades, preferencias e inquietudes de sus partes interesadas es fundamental para presentar de manera efectiva sus conceptos de diseño. Haga un esfuerzo por conocer sus antecedentes, funciones y expectativas, y adapte su presentación en consecuencia.

2. Sea claro y conciso

Evite la jerga y el lenguaje demasiado técnico, ya que puede resultar confuso para quienes no son diseñadores. Concéntrese en usar explicaciones y ejemplos simples, incluso para conceptos complejos. Esto puede ayudar a las partes interesadas a comprender mejor la lógica detrás de sus opciones de diseño y el impacto potencial de esas decisiones.

3. Cuenta una historia

Es más probable que las partes interesadas participen y recuerden sus conceptos si pueden relacionarse con ellos personalmente. Presente sus ideas utilizando ejemplos relacionados, historias de usuarios y escenarios para ayudar a las partes interesadas a visualizar los beneficios de su diseño.

4. Use imágenes para respaldar su mensaje

Las imágenes a menudo pueden comunicar ideas complejas de manera más efectiva que las palabras. Considere incorporar imágenes, diagramas y videos en su presentación para reforzar su mensaje y ayudar a las partes interesadas a comprender mejor sus conceptos de diseño.

5. Esté preparado para preguntas y comentarios

Las partes interesadas pueden plantear preguntas, inquietudes o expresar sus opiniones durante su presentación. Esté abierto a sus comentarios y responda con paciencia, empatía y profesionalismo. Responder a sus consultas e inquietudes demuestra su inversión en su satisfacción con su trabajo.

6. Seguimiento

Después de presentar sus conceptos de diseño, haga un seguimiento con las partes interesadas para recopilar sus comentarios y responder las preguntas restantes. Esto ayuda a garantizar su participación y comprensión continuas de su proyecto.

Demostrar el valor de su diseño

La comunicación eficaz de los conceptos de diseño va más allá de presentar un mensaje refinado y convincente a las audiencias interesadas. Es esencial demostrar el valor de su diseño discutiendo sus beneficios e impacto potencial.

- **Explique sus decisiones de diseño:** Analice la lógica detrás de sus elecciones y cómo se alinean con los objetivos del proyecto y las preocupaciones de las partes interesadas. Describa cómo su investigación y sus datos informaron sus decisiones y demuestre cómo sus soluciones abordan las necesidades de los usuarios.
- **Muestre mejoras medibles:** use datos cuantitativos para resaltar los beneficios tangibles de su diseño. Por ejemplo, demuestre cómo su diseño puede aumentar la participación del usuario, disminuir las tasas de rebote o mejorar los tiempos de finalización de tareas.
- **Analice los beneficios a largo plazo:** describa cómo la implementación de sus conceptos de diseño puede conducir a un producto más fácil de usar, una mayor satisfacción del cliente y, en última instancia, mayores ingresos y un mejor posicionamiento en el mercado.

En conclusión, comunicar de manera efectiva sus conceptos de diseño a las partes interesadas es una habilidad crucial en el proceso de diseño de UX. Al elegir los formatos de comunicación correctos y emplear los principios rectores presentados anteriormente, puede asegurarse de que sus partes interesadas entiendan y aprecien el valor total de su trabajo. En última instancia, esto conducirá a un mayor apoyo y compromiso para sus proyectos, lo que dará como resultado mejores resultados y satisfacción para todas las partes involucradas.

Capítulo 5: Pruebas y validación de usuarios: garantizar la usabilidad y la satisfacción

En cualquier proyecto de diseño de UX, las pruebas y la validación del usuario son pasos críticos para garantizar que el producto satisfaga las necesidades de su público objetivo, optimice la experiencia general del usuario e impulse la satisfacción. En este capítulo, analizaremos la importancia de las pruebas y la validación de los usuarios, los diversos métodos y técnicas de prueba, y cómo analizar y aplicar los resultados para refinar y mejorar la experiencia del usuario.

5.1 La importancia de las pruebas y la validación del usuario

Las pruebas y la validación del usuario no son opcionales en un proceso de diseño de UX exitoso, son esenciales. Estos pasos brindan información invaluable sobre cómo los usuarios reales interactúan y perciben un producto, lo que permite a los diseñadores validar sus suposiciones, identificar puntos débiles y optimizar la usabilidad del producto.

Al involucrar a los usuarios durante todo el proceso de diseño, puede asegurarse de que el producto final tenga más probabilidades de:

- Satisfacer las necesidades y expectativas de los usuarios
- Minimice el potencial de problemas de usabilidad
- Impulse la satisfacción y la lealtad del usuario
- Aumente las tasas de adopción y retención de usuarios

5.2 Métodos de prueba de usuario

Existen numerosos métodos de prueba de usuarios disponibles para los diseñadores, cada uno con su propio conjunto de fortalezas y debilidades. Es esencial seleccionar los métodos correctos para su proyecto específico, en función de factores como la etapa del proyecto, los objetivos de la investigación, el presupuesto y las limitaciones de tiempo.

5.2.1 Pruebas de usuario moderadas

Las pruebas moderadas de usuarios involucran a un facilitador que guía a los participantes a través de varias tareas mientras usan el producto. El facilitador puede hacer preguntas, brindar apoyo y profundizar en los procesos de pensamiento del usuario. Este método permite una mayor interacción y el descubrimiento de conocimientos que podrían no ser evidentes en las pruebas no moderadas.

ventajas:

- Capacidad para hacer preguntas de seguimiento o aclarar instrucciones
- La flexibilidad para ajustar la prueba en función de los comentarios de los participantes.
- Información más profunda sobre el comportamiento del usuario y los procesos de pensamiento

Limitaciones:

- Puede llevar mucho tiempo, ser costoso y laborioso
- La presencia del facilitador puede influir en el comportamiento del usuario

5.2.2 Pruebas de usuario no moderadas

Las pruebas de usuario no moderadas implican que los participantes utilicen el producto sin la presencia de un facilitador, y normalmente se registra todo el proceso para su posterior análisis. Este método es menos intrusivo, más rápido de implementar y más escalable que las pruebas moderadas.

ventajas:

- Más rentable y escalable

- Los usuarios pueden proporcionar comentarios más honestos y menos sesgados.
- Los resultados pueden ser más representativos de los escenarios de uso real

Limitaciones:

- Menos oportunidad de profundizar, sondear o aclarar
- Confiar en los datos registrados para el análisis, lo que puede llevar mucho tiempo

5.2.3 Pruebas de guerrilla

La prueba de guerrilla es un método informal, rápido y de bajo presupuesto de prueba de usuario, donde los diseñadores se acercan a los usuarios potenciales en espacios públicos para recopilar comentarios inmediatos sobre el producto. Este método es ideal para obtener comentarios rápidos y validar suposiciones básicas, pero puede carecer de la profundidad y el rigor de los enfoques de prueba más estructurados.

ventajas:

- Rápido y rentable
- Permite retroalimentación inmediata, cara a cara.

Limitaciones:

- Tamaño de muestra y alcance limitados
- Puede carecer de profundidad y rigor en comparación con otros métodos.

5.3 Pruebas de usuario: mejores prácticas

Para maximizar el valor y la eficacia de sus esfuerzos de prueba de usuario, tenga en cuenta estas prácticas recomendadas:

1. **Establezca objetivos claros:** Antes de comenzar su prueba, defina sus preguntas y objetivos de investigación. Saber lo que quiere lograr lo ayudará a seleccionar el método de prueba apropiado y guiará el proceso en todo momento.
2. **Seleccione los participantes correctos:** asegúrese de que los participantes de su prueba sean representativos de su grupo demográfico de usuarios objetivo. Recuerde, lo que más importa es la calidad, no la cantidad, de los conocimientos.
3. **Hágalo realista:** siempre que sea posible, use prototipos reales o de alta fidelidad y cree escenarios realistas para ayudar a los usuarios a tener una mentalidad de uso en el mundo real.
4. **Documente todo:** grabe los aspectos visuales y de audio de las sesiones de prueba y tome notas detalladas para ayudar con el análisis posterior.
5. **Analice y aplique los resultados:** analice los datos recopilados de sus pruebas de usuario para identificar tendencias, conocimientos y áreas de mejora. Utilice esta información para iterar en el diseño y refinar la experiencia del usuario.

5.4 Cuantificación de la satisfacción: medición del éxito

La satisfacción es una parte integral de la experiencia del usuario y es esencial contar con métricas concretas para medir el éxito de su producto en esta área. Algunas métricas de satisfacción comunes incluyen:

5.4.1 Escala de Usabilidad del Sistema (SUS)

La Escala de usabilidad del sistema (SUS) es una encuesta estandarizada de 10 preguntas que mide la usabilidad percibida. Proporciona una forma fiable y sencilla de medir la satisfacción del usuario y puede ayudar a los diseñadores a comparar la usabilidad de diferentes productos o iteraciones.

5.4.2 Puntuación Neta del Promotor (NPS)

El Net Promoter Score (NPS) es una métrica de satisfacción simple y ampliamente reconocida que se calcula preguntando a los usuarios qué tan probable es que recomienden su producto a otros. Es útil para medir la satisfacción general del usuario e identificar a los defensores o detractores del cliente.

5.4.3 Tasas de finalización de tareas y tiempo en la tarea

El seguimiento del porcentaje de usuarios que completan con éxito las tareas y el tiempo que les lleva hacerlo puede revelar áreas en las que los usuarios pueden estar luchando con problemas de usabilidad o en las que el producto no satisface las necesidades de los usuarios.

Al medir y aplicar continuamente estas métricas de satisfacción, los diseñadores de UX pueden asegurarse de que sus productos permanezcan enfocados en el usuario, satisfactorios y exitosos.

5.5 Conclusión

Las pruebas y la validación de usuarios son elementos fundamentales de un proceso de diseño de UX robusto. Al probar iterativamente su producto con usuarios reales y aplicar los conocimientos adquiridos, puede crear experiencias que satisfagan las necesidades de los usuarios, impulsen la satisfacción y aseguren el éxito general del producto. Recuerde, las pruebas de usuario no son un aspecto único del diseño; es un proceso continuo e iterativo que debe adoptarse a lo largo de la vida de un producto.

5.1 Planificación y realización de sesiones de prueba de usuario

Las pruebas de usuario son una fase esencial del proceso de diseño de UX. Implica evaluar el diseño y la funcionalidad de un producto, servicio o plataforma haciendo que los usuarios reales interactúen con él en un entorno controlado. Este proceso ayuda a descubrir problemas de usabilidad, evaluar la experiencia general del usuario y validar si el producto cumple con las necesidades y expectativas de su público objetivo. En esta sección, analizaremos el proceso de planificación y realización de sesiones de prueba de usuario.

5.1.1 Definición de objetivos de prueba de usuario

Antes de realizar cualquier prueba de usuario, es crucial establecer objetivos claros para lo que pretende lograr. Esto guiará el diseño de las sesiones de prueba y garantizará que los resultados sean significativos y procesables. Hágase preguntas como:

- ¿Qué queremos aprender de esta sesión de prueba de usuario?
- ¿Cómo nos ayudará esta información a mejorar nuestro producto?
- ¿Hay puntos débiles específicos o áreas de preocupación que queremos investigar?

Tómese el tiempo para discutir y alinear estos objetivos con las partes interesadas clave para garantizar que el alcance de las pruebas de usuario sea relevante y valioso.

5.1.2 Identifique a sus usuarios objetivo

Un aspecto importante de las pruebas de usuario es garantizar que los participantes de la prueba sean representativos de su público objetivo. Considere crear personajes de usuario para ayudar a guiar el reclutamiento de participantes y aumentar las posibilidades de obtener información significativa y relevante. A medida que identifique a sus usuarios objetivo, tenga en cuenta factores como:

- Demografía
- Capacidad técnica
- Conocimiento o experiencia específicos del dominio
- Necesidades de accesibilidad

5.1.3 Seleccione su método de prueba

Existen varios métodos de prueba de usuario, cada uno con sus propias ventajas y desventajas. Elija el método que mejor se adapte a sus objetivos, presupuesto y cronograma. Algunos métodos comunes de prueba de usuario incluyen:

1. Prueba moderada: un investigador está presente durante la prueba para guiar a los participantes y sondear para obtener información más profunda. Útil para recopilar comentarios cualitativos y descubrir problemas de los que los usuarios pueden no ser conscientes.
2. Pruebas no moderadas: los participantes completan la prueba por su cuenta, a menudo a través de una plataforma remota. Ideal para realizar pruebas más rápidas y asequibles y centrarse en tareas o características específicas.

3. Pruebas de laboratorio: Pruebas realizadas en un entorno controlado, a menudo equipado con cámaras y otras herramientas de observación. Permite la recopilación precisa de datos, pero puede resultar en una validez ecológica reducida.

4. Pruebas remotas: los participantes y los investigadores no están en la misma ubicación física. Adecuado para trabajar con participantes diversos o dispersos geográficamente, pero puede limitar la profundidad de los conocimientos.

5.1.4 Crear un plan de prueba

Un plan de prueba bien estructurado describe los pasos, las tareas, las preguntas y las métricas asociadas con sus sesiones de prueba de usuario. Debe cubrir los siguientes aspectos:

- Objetivos: Indique claramente los objetivos de la sesión de prueba.
- Participantes: detalle sus usuarios objetivo y cualquier información demográfica relevante.
- Metodología: Resuma el método de prueba elegido y cualquier equipo o software necesario.
- Tareas: enumere las tareas que se les pedirá a los participantes que completen, junto con las instrucciones o escenarios relevantes.
- Métricas: defina cómo medirá el éxito, por ejemplo, la tasa de finalización de la tarea, la satisfacción del usuario o el tiempo dedicado a la tarea.
- Horario: Especifique el marco de tiempo para cada sesión de prueba y permita tiempo para descansos y posibles problemas.

5.1.5 Realización de la sesión de prueba del usuario

Con su plan establecido, es hora de realizar la sesión de prueba de usuario. Asegúrese de crear un ambiente cómodo y acogedor para ayudar a los participantes a sentirse cómodos. Aquí hay algunos consejos para una sesión exitosa:

1. Comience con una breve introducción: explique el propósito de la prueba, asegúreles a los participantes que está probando el producto y no ellos, y aborde cualquier inquietud que puedan tener.
2. Obtenga el consentimiento: asegúrese de que los participantes comprendan y acepten los términos y condiciones de la prueba, incluidas las prácticas de registro o recopilación de datos.
3. Fomente la comunicación abierta: anime a los usuarios a pensar en voz alta, compartir sus pensamientos y hacer preguntas mientras interactúan con el producto.
4. Sea un oyente activo: tome notas detalladas y escuche atentamente los comentarios que los participantes brindan, tanto verbal como no verbalmente.
5. Evite las preguntas tendenciosas o tendenciosas: sea neutral al hacer preguntas para evitar influir en las respuestas o acciones de los participantes.
6. Proporcione instrucciones de tareas: según el método de prueba, es posible que deba ofrecer orientación o explicar las tareas que realizarán.
7. Supervise el progreso y adáptese: vigile el progreso de los participantes y ajuste su plan según sea necesario, adaptándose a cualquier problema o conocimiento inesperado.

8. Resumen y análisis: Concluya la prueba agradeciendo al participante por su tiempo, ofreciendo incentivos y solicitando comentarios o comentarios finales.

5.1.6 Análisis e informe de sus hallazgos

Una vez que se completan las sesiones de prueba de usuario, es hora de analizar los resultados y compartir sus hallazgos con las partes interesadas clave. Recuerda:

1. Agregue datos e identifique tendencias: busque patrones entre los participantes y las tareas, y observe cualquier problema de usabilidad frecuente o áreas de mejora.
2. Evalúe frente a sus objetivos: evalúe qué tan bien se desempeñó su producto frente a los objetivos descritos en su plan de prueba.
3. Cree personajes de usuario para que la fragmentación en los hallazgos sea más significativa.
4. Resalte las ideas clave y las recomendaciones prácticas: brinde un camino claro a seguir para abordar cualquier problema o inquietud descubierta.
5. Presente sus hallazgos en un formato claro y digerible: considere usar tablas, gráficos o ayudas visuales para ayudar a las partes interesadas a comprender los resultados y sus implicaciones.

En resumen, las pruebas de usuario son un paso esencial en el proceso de diseño de UX, ya que brindan información valiosa para mejorar la usabilidad de su producto y la experiencia del usuario. Al planificar y ejecutar cuidadosamente las sesiones de prueba de los usuarios, puede identificar problemas potenciales, validar decisiones de diseño y asegurarse de que su producto satisfaga las necesidades y expectativas de su público objetivo.

5.2 Recopilación y análisis de comentarios de los usuarios

Los comentarios de los usuarios juegan un papel crucial en el dominio del diseño de UX; nos ayuda a comprender las necesidades, preocupaciones y preferencias de los usuarios para realizar mejoras significativas en un producto. Recopilar y analizar los comentarios de los usuarios es un proceso continuo que ayuda a los diseñadores a crear y refinar los viajes y experiencias de los usuarios de manera efectiva.

En esta sección, discutiremos los diversos métodos para recopilar comentarios de los usuarios y técnicas para analizar esos comentarios para mejorar su diseño de UX.

5.2.1 Métodos para recopilar comentarios de los usuarios

Existen numerosas formas de recopilar comentarios de los usuarios. Al seleccionar un método, tenga en cuenta factores como el público objetivo, las especificidades de los comentarios y la cantidad de tiempo disponible. A continuación se presentan algunos enfoques populares para recopilar comentarios de los usuarios:

1. **Encuestas** : las encuestas son un método simple, rápido y rentable para recopilar comentarios de los usuarios. Las encuestas se pueden presentar como una ventana emergente en un sitio web o aplicación, enviarse por correo electrónico a los clientes y usuarios, o compartirse en las redes sociales. Recuerde mantener las encuestas claras y concisas para fomentar la participación.

2. **Formularios de comentarios** : estos cuestionarios se pueden incrustar en su sitio o aplicación, lo que permite a los usuarios dejar comentarios sin interrumpir su experiencia. Los formularios de comentarios pueden incluir preguntas de opción múltiple, controles deslizantes de calificación y preguntas abiertas.

3. **Pruebas de usabilidad** : este método consiste en observar cómo los usuarios interactúan con su producto en tiempo real. Al permitir que los usuarios completen tareas en su sitio o aplicación y analizar su experiencia, los diseñadores pueden obtener información sobre posibles puntos débiles, áreas de confusión y expectativas.

4. **Grupos de enfoque** : un grupo de enfoque es una discusión entre un pequeño grupo de usuarios dirigido por un moderador, que analiza el producto, su diseño y la experiencia general. Este método ayuda a descubrir las preferencias, preocupaciones y aspiraciones de los usuarios.

5. **Entrevistas de usuarios** : entrevistar a los usuarios individualmente permite inmersiones más profundas en sus experiencias y opiniones. Estas

conversaciones pueden ser más enfocadas y dirigidas que los grupos de enfoque y brindan una comprensión completa de su base de usuarios.

6. **Monitoreo de redes sociales** : las plataformas de redes sociales ofrecen una gran cantidad de opiniones y experiencias de los usuarios. Supervisar conversaciones, reseñas y comentarios en los canales de redes sociales de su producto puede proporcionar información valiosa sobre las expectativas, la satisfacción y las áreas de mejora del usuario.

7. **Análisis de sitios web** : las herramientas analíticas como Google Analytics pueden ayudar a los diseñadores a identificar patrones, tendencias y problemas que los usuarios experimentan en su sitio o aplicación. Examinar métricas como tasas de rebote, tasas de conversión y vistas de página puede ayudar a resaltar áreas de mejora potencial de UX.

5.2.2 Análisis de los comentarios de los usuarios

Una vez que haya recopilado los comentarios de los usuarios, es esencial analizar e interpretar los datos de manera efectiva. Aquí hay cinco pasos para ayudarlo a analizar y aprovechar al máximo los comentarios de los usuarios:

1. **Clasifique los comentarios** : antes de sumergirse en los datos, comience clasificando los comentarios en categorías según las inquietudes específicas de los usuarios o los elementos de diseño. Este proceso lo ayuda a identificar los problemas más comunes y priorizar las mejoras.

2. **Identifique patrones y tendencias** : busque hilos comunes entre los comentarios; esto puede ayudar a resaltar problemas recurrentes en su diseño, así como cualquier discrepancia entre diferentes grupos de usuarios. Comprender los patrones puede guiarlo a las áreas que necesitan atención e informar sus decisiones de diseño.

3. **Filtrar el ruido** : al recopilar comentarios, es natural recopilar algunos comentarios irrelevantes o no relacionados que no contribuyen a las mejoras de diseño. Filtre ese ruido para centrarse en la retroalimentación procesable.

4. **Escuche tanto los comentarios positivos como los negativos** : si bien los comentarios negativos pueden ser fundamentales para identificar áreas problemáticas, los comentarios positivos no deben ignorarse. Resalte y aprenda de las partes de su diseño que a los usuarios les encantan; esto puede informar elementos de diseño futuros que podrían resonar con los usuarios.

5. **Comparta comentarios con su equipo** : para que las mejoras de UX sean efectivas, deben basarse en una comprensión colectiva de los comentarios de los usuarios. Comparta los comentarios con su equipo para que todos estén en sintonía, asegurándose de que todos se comprometan a realizar mejoras significativas basadas en los comentarios de los usuarios.

5.2.3 Actuar sobre los comentarios de los usuarios

Después de analizar minuciosamente los comentarios, es hora de actuar. A continuación, se incluyen algunos pasos para ayudarlo a guiar las actualizaciones de su diseño en función de los comentarios de los usuarios:

1. **Priorizar mejoras** : no todos los cambios se pueden implementar simultáneamente. Comience por determinar qué actualizaciones obtendrán los beneficios más significativos y tendrán el impacto más significativo en su experiencia de usuario. Priorice el abordaje de problemas críticos y preocupaciones que los usuarios han expresado repetidamente.

2. **Planifique y programe actualizaciones** : Sea realista sobre el marco de tiempo para implementar las mejoras. Determine las tareas específicas, establezca plazos y asigne responsabilidades a los miembros de su equipo para que se realicen las actualizaciones.

3. **Pruebe los cambios** : antes de implementar los cambios, pruebe el diseño actualizado con usuarios reales para validar si las mejoras realmente abordan sus inquietudes y conducen a una mejor experiencia de usuario.

4. **Comuníquese con los usuarios** : informe a sus usuarios sobre las actualizaciones en función de sus comentarios. Demostrar que valoras y actúas según las opiniones de los usuarios ayuda a generar confianza y lealtad. Permita que los usuarios continúen brindando comentarios sobre el diseño actualizado.

5. **Supervise el impacto** : Esté atento a las métricas y los comentarios de los usuarios después de implementar las actualizaciones para asegurarse de que los cambios tengan un impacto positivo en la experiencia del usuario. El monitoreo continuo lo ayuda a refinar su diseño y mantenerse al día con las

necesidades y expectativas cambiantes de los usuarios.

Recopilar y analizar los comentarios de los usuarios es un paso esencial para dominar el diseño de UX. Al emplear varios métodos para recopilar comentarios, analizar minuciosamente los datos y tomar decisiones de diseño informadas basadas en la entrada del usuario, puede crear un diseño centrado en el usuario que se alinee con las tendencias futuras y mejore la experiencia general del usuario.

5.3 Tomar decisiones de diseño basadas en datos

En el panorama digital en constante cambio de hoy, la importancia de tomar decisiones basadas en datos no puede subestimarse. Como diseñadores, nuestro objetivo es crear experiencias de usuario que sean eficientes, atractivas y adaptadas a las necesidades únicas del usuario. El diseño basado en datos combina la investigación del usuario y el análisis de datos cuantitativos para optimizar cada decisión de diseño en función de la evidencia, en lugar de confiar en la intuición o las preferencias personales. Este enfoque garantiza que estemos brindando constantemente las mejores soluciones de diseño, teniendo en cuenta el contexto, la mentalidad y los objetivos de los usuarios.

En esta sección, exploraremos algunas metodologías y estrategias esenciales para tomar decisiones basadas en datos que mejoren la experiencia del usuario y contribuyan a un producto exitoso.

5.3.1 Comprender el valor de los datos

Antes de sumergirse en las metodologías y estrategias, es fundamental comprender el valor de los datos en el proceso de diseño. Los datos nos permiten:

1. **Validar nuestras suposiciones** : los datos nos ayudan a probar la validez de nuestras hipótesis de diseño y aseguran que las decisiones que tomamos se alineen con las necesidades y expectativas del usuario.
2. **Identifique áreas de mejora** : el análisis de datos puede revelar dónde los usuarios encuentran problemas y dónde podemos realizar optimizaciones.
3. **Mida el éxito** : los datos cuantitativos proporcionan un medio para medir la eficacia de las decisiones de diseño y realizar un seguimiento del progreso a lo largo del tiempo.
4. **Personalice la experiencia** : los datos se pueden usar para personalizar la experiencia del usuario en función de las preferencias, necesidades y comportamientos individuales.

5.3.2 Definir objetivos y métricas claras

Para tomar decisiones de diseño efectivas basadas en datos, es esencial definir objetivos y métricas claras. Los objetivos lo ayudarán a determinar los resultados que desea lograr, mientras que las métricas lo ayudarán a medir el éxito de sus cambios de diseño.

Algunos ejemplos de objetivos podrían ser aumentar la conversión de usuarios, reducir la cantidad de consultas de soporte o mejorar la satisfacción del usuario. Una vez que tenga sus objetivos establecidos, puede definir las métricas más adecuadas para medir su progreso, como las tasas de conversión, el volumen de tickets de soporte o las puntuaciones netas de los promotores.

5.3.3 Realizar investigación de usuarios

La investigación de usuarios es un componente vital del diseño basado en datos. Al comprender a sus usuarios en profundidad, tendrá una mejor base para tomar decisiones de diseño que satisfagan sus necesidades y preferencias. Algunos métodos de investigación de usuarios para recopilar datos incluyen:

1. **Encuestas** : recopila información directamente de los usuarios sobre sus preferencias, necesidades y comportamientos.
2. **Entrevistas a usuarios** : realice entrevistas individuales para recopilar datos cualitativos sobre las experiencias y opiniones de los usuarios.
3. **Grupos focales** : Recopile información de pequeños grupos de usuarios, permitiéndoles

compartir sus pensamientos y experiencias de forma colaborativa.

4. **Pruebas de usabilidad** : observe a los usuarios mientras interactúan con su producto e identifique áreas de fricción o confusión.

5.3.4 Utilizar análisis de datos cuantitativos

Además de la investigación de usuarios, la recopilación y el análisis de datos cuantitativos son esenciales para tomar decisiones de diseño informadas. Algunas fuentes comunes de datos cuantitativos en el diseño de UX incluyen:

1. **Análisis de sitios web o aplicaciones** : herramientas como Google Analytics, Adobe Analytics o Mixpanel pueden proporcionar información valiosa sobre el comportamiento del usuario, la demografía y las métricas de participación.

2. **Pruebas A/B** : la implementación de pruebas A/B le permite comparar múltiples variaciones de diseño y medir sus efectos en las tasas de conversión, la satisfacción del usuario u otras métricas.

3. **Mapas de calor** : la información de los mapas de calor puede ayudarlo a identificar áreas de alta participación de los usuarios, así como áreas donde los usuarios no interactúan como se esperaba.

5.3.5 Utilizar el poder de la IA y el aprendizaje automático

La inteligencia artificial (IA) y el aprendizaje automático (ML) son tecnologías en rápida evolución que se pueden aprovechar en el diseño basado en datos. AI y ML se pueden utilizar para:

1. **Identifique patrones en el comportamiento del usuario** : mediante el análisis de grandes conjuntos de datos, los algoritmos de IA y ML pueden ayudar a descubrir patrones de comportamiento del usuario que podrían no ser evidentes a través del análisis manual.
2. **Predecir las preferencias del usuario** : AI y ML se pueden usar para predecir las preferencias del usuario y adaptar el diseño en consecuencia.
3. **Optimice los elementos de diseño** : las herramientas impulsadas por IA pueden recomendar cambios de diseño en función de una gran cantidad de factores, lo que lleva a decisiones más informadas y experiencias de usuario mejoradas.

5.3.6 Iterar y perfeccionar su diseño en función de los datos

El diseño basado en datos es un proceso continuo. Analice regularmente sus datos, realice investigaciones de usuarios e implemente mejoras de diseño en función de sus hallazgos. Con cada iteración, su diseño estará más alineado con las necesidades, preferencias y comportamientos de sus usuarios.

A medida que continúa tomando decisiones basadas en datos, es vital mantener un equilibrio entre los aspectos cuantitativos y cualitativos de su investigación. Si bien los números pueden brindar información valiosa, recuerde que sus usuarios son personas reales con experiencias y emociones únicas. Esfuércese siempre por ver los datos a través de una lente humana y asegúrese de que sus decisiones de diseño se basen en la empatía y la comprensión.

Al adoptar un enfoque basado en datos para el diseño de UX, creará productos más efectivos y centrados en el usuario que optimizarán las experiencias de los usuarios y mejorarán el éxito general de sus proyectos. En el mundo en constante evolución de UX, el diseño basado en datos es un componente crucial para mantenerse a la vanguardia y dominar el arte del diseño de la experiencia del usuario.

5.4 Refinar y mejorar la experiencia del usuario

Como diseñadores de UX, nuestro principal objetivo es mejorar continuamente la experiencia del usuario. Esto requiere una combinación de análisis de los comentarios de los usuarios, medición del éxito y la eficacia de los diseños existentes e incorporación de tendencias y tecnologías emergentes en las experiencias que creamos. En esta sección, discutiremos cómo refinar y mejorar la experiencia del usuario después de que se hayan implementado sus diseños iniciales.

5.4.1 Recopilación y análisis de comentarios de los usuarios

Obtener información sobre el comportamiento y la satisfacción del usuario es una parte esencial para mejorar la experiencia del usuario. La retroalimentación y las pruebas continuas de los usuarios le permiten reconocer áreas en las que el diseño puede estar fallando o podría mejorarse. Para recopilar comentarios de los usuarios, considere emplear los siguientes métodos:

5.4.1.1 Pruebas de usabilidad

La prueba de usabilidad es un proceso en el que los usuarios reales interactúan con su producto para identificar cualquier problema o deficiencia en la experiencia del usuario. Durante las pruebas de usabilidad, los participantes completan tareas específicas mientras usted los observa y toma notas sobre su comportamiento, cualquier dificultad que encuentren y su satisfacción general con la experiencia. También se puede alentar a los usuarios a pensar en voz alta mientras realizan las tareas, lo que proporciona una mayor comprensión de su proceso de pensamiento y toma de decisiones.

5.4.1.2 Encuestas y Cuestionarios

Las encuestas y cuestionarios en línea pueden ser una buena manera de recopilar rápidamente grandes cantidades de comentarios de sus usuarios. Adapte sus preguntas para obtener información valiosa sobre cómo los usuarios experimentan su producto y qué mejoras se podrían realizar.

5.4.1.3 Entrevistas y Grupos Focales

Realizar entrevistas personales o grupos focales puede permitirle profundizar en las experiencias de los usuarios y recopilar comentarios más matizados. A diferencia de las encuestas o cuestionarios, las entrevistas permiten conversaciones más abiertas y le permiten explorar temas específicos con más detalle.

5.4.2 Uso de datos y métricas para mejorar el diseño de UX

Los datos cuantitativos pueden proporcionar información importante sobre el rendimiento de sus diseños en el mundo real. Para medir la efectividad de sus diseños, considere las siguientes métricas:

5.4.2.1 Tasas de conversión

Mide el porcentaje de usuarios que completan una acción específica o alcanzan una meta en particular. Las técnicas de optimización de la tasa de conversión (CRO) se pueden emplear para mejorar estas tasas al realizar mejoras específicas en la experiencia del usuario.

5.4.2.2 Tasas de éxito de la tarea y tiempo en la tarea

Analice la frecuencia con la que los usuarios completan las tareas con éxito, así como la cantidad de tiempo que tardan en hacerlo. Esta información puede ayudar a identificar áreas en las que el diseño puede ser confuso o complejo, y guiar sus esfuerzos para optimizar y simplificar la experiencia del usuario.

5.4.2.3 Tasas de rebote

La tasa de rebote es el porcentaje de usuarios que abandonan su sitio o aplicación sin realizar ninguna acción o interactuar con el contenido. Las altas tasas de rebote pueden indicar que la primera impresión o la experiencia general del usuario no cumple con las expectativas del usuario.

5.4.2.4 Mapas de calor y mapas de clics

Las representaciones visuales de dónde los usuarios hacen clic e interactúan con sus diseños pueden revelar aspectos de diseño exitosos y áreas de mejora. Considere el uso de herramientas que generan mapas de calor y mapas de clics para identificar comportamientos comunes de los usuarios y ajustar sus diseños en consecuencia.

5.4.3 Incorporación de nuevas tendencias y tecnología

Al igual que con cualquier campo, mantenerse actualizado con las últimas tendencias y avances tecnológicos en el diseño de UX es esencial para brindar experiencias de usuario de vanguardia. Aquí hay algunas formas de mantenerse actualizado e integrar nuevas tendencias y tecnología en sus diseños:

5.4.3.1 Seguir a los líderes de la industria

Esté atento a los líderes de la industria y las empresas centradas en el diseño para mantenerse informado de las últimas ideas, conceptos y herramientas en el diseño de UX. Estas empresas a menudo establecen el estándar para las mejores prácticas y son una valiosa fuente de inspiración.

5.4.3.2 Asistir a conferencias y talleres

Los eventos de la industria, como conferencias y talleres, son una excelente manera de aprender sobre nuevas técnicas de diseño, establecer contactos con otros profesionales y exponerse a las tendencias y tecnologías emergentes en el diseño de la experiencia del usuario.

5.4.3.3 Participar en comunidades en línea

Unirse a comunidades en línea, como foros, salas de chat y grupos de redes sociales, puede ofrecer información y recursos valiosos sobre las últimas tendencias y tecnología en el diseño de UX. Interactuar con otros diseñadores puede profundizar su comprensión de las mejores prácticas y proporcionar inspiración para sus propios diseños.

5.4.3.4 Participar en el aprendizaje continuo

Priorizar la educación continua y el desarrollo profesional en el campo del diseño UX. Manténgase actualizado con las publicaciones de la industria, asista regularmente a talleres o clases y busque activamente oportunidades para aprender y practicar nuevas habilidades y técnicas.

5.4.4 Iterar y mejorar

Mejorar la experiencia del usuario es un proceso continuo de iteración y refinamiento. Utilice los comentarios, los datos y los conocimientos recopilados para informar las actualizaciones y mejoras del diseño. Revise constantemente sus diseños y pregúntese si realmente satisfacen o no las necesidades de sus usuarios. A medida que itera y mejora continuamente, fortalecerá sus habilidades de diseño, comprenderá mejor a sus usuarios y creará experiencias de usuario más exitosas. Recuerde, una gran experiencia de usuario nunca está realmente terminada, siempre está evolucionando para satisfacer las expectativas y necesidades de sus usuarios.

5.5 Validación de soluciones de diseño con usuarios

El proceso de validación de soluciones de diseño con los usuarios es un paso crucial en la creación de cualquier producto, digital o de otro tipo. La validación del usuario garantiza que el producto no solo sea funcional, sino que satisfaga las necesidades y los requisitos del público objetivo en forma de una experiencia agradable y fácil de usar. Cuanto más tiempo dedique un diseñador de UX a este paso, mayores serán las posibilidades de desarrollar productos que generen experiencias de usuario excepcionales.

Este capítulo se sumergirá en el proceso de validación de soluciones de diseño con los usuarios, explorando diferentes técnicas y metodologías que se pueden usar para recopilar comentarios procesables para mejorar el producto final.

5.5.1 La importancia de la validación del usuario

La validación del usuario debe considerarse un aspecto esencial del proceso de diseño de UX porque:

- Garantiza que las soluciones de diseño resuelvan los problemas de los usuarios de manera efectiva.
- Ayuda a identificar problemas de usabilidad que podrían haber pasado desapercibidos durante el proceso de diseño.
- Descubre requisitos, comportamientos o enfoques inesperados del usuario para usar el producto.
- Ofrece una oportunidad para involucrar e involucrar a los usuarios en la evolución del producto, promoviendo un sentido de propiedad y compromiso con el producto.
- Permite la toma de decisiones basada en datos, en lugar de confiar únicamente en la intuición o las suposiciones.

5.5.2 Técnicas de validación del diseño

Hay varias técnicas disponibles para validar soluciones de diseño con los usuarios, cada una de las cuales ofrece ventajas únicas y se centra en diferentes aspectos de la experiencia del usuario. El mejor enfoque suele estar determinado por los objetivos específicos del proyecto y los recursos disponibles.

Pruebas de usabilidad

Las pruebas de usabilidad implican observar a los usuarios mientras interactúan con un producto o prototipo para identificar problemas, patrones y conocimientos. Este proceso es esencial para validar soluciones de diseño porque puede descubrir problemas que no son evidentes de inmediato sin la interacción directa del usuario.

Para llevar a cabo una prueba de usabilidad exitosa:

1. Defina objetivos claros para el proceso de prueba, como determinar si los usuarios pueden completar una acción específica o comprender un elemento de la interfaz en particular.
2. Reclute una muestra apropiada de participantes de prueba que representen a la audiencia objetivo.
3. Desarrolle un guión de prueba para guiar la sesión de prueba, centrándose en las interacciones clave y las áreas de interés.
4. Realice las sesiones de prueba, ya sea en persona o de forma remota, utilizando herramientas de videoconferencia y uso compartido de pantalla.
5. Registre y analice los resultados, buscando patrones en los comportamientos de los usuarios e identificando problemas con el diseño.
6. Actualice y perfeccione iterativamente el diseño en función de los conocimientos recopilados durante el proceso de prueba.

Encuestas y Cuestionarios

Las encuestas y los cuestionarios pueden ayudar a validar las soluciones de diseño mediante la recopilación de datos cuantitativos de una gran muestra de usuarios. Se pueden usar para medir la satisfacción del usuario, identificar áreas de dificultad o evaluar la eficacia de una solución de diseño.

Los diseñadores deben elaborar preguntas de encuesta claras, concisas e imparciales que se centren en aspectos relevantes de la experiencia del usuario. Asegúrese de que las preguntas sean fáciles de entender y responder, y evite preguntas capciosas que puedan sesgar los resultados.

Grupos de enfoque

Los grupos focales implican reunir a un pequeño grupo de usuarios para discutir y proporcionar comentarios sobre un diseño o prototipo. Estas sesiones generalmente son moderadas por un profesional de UX que puede guiar la conversación, garantizar que todos los participantes tengan la oportunidad de hablar y hacer preguntas de seguimiento para aclarar los comentarios.

La clave para llevar a cabo grupos de enfoque exitosos es reunir un grupo diverso de participantes que representen a la audiencia objetivo y fomentar una discusión abierta y honesta. Esté preparado para escuchar comentarios negativos, pero aproveche esa oportunidad para aprender y mejorar el diseño.

Evaluaciones heurísticas

Las evaluaciones heurísticas involucran a profesionales expertos en UX que revisan el diseño de un producto o prototipo para identificar posibles problemas de usabilidad basados en principios de usabilidad establecidos (heurísticas). Esta técnica puede proporcionar información valiosa sobre la intuición, la consistencia, la eficiencia y otros factores cualitativos del diseño general.

Si bien las evaluaciones heurísticas no involucran comentarios directos del usuario, ofrecen la oportunidad de descubrir posibles problemas de usabilidad antes de que se realicen pruebas de usuario más extensas.

5.5.3 Sintetizar y aplicar los comentarios de los usuarios

La validación de soluciones de diseño no termina con la recopilación de comentarios de los usuarios; los diseñadores deben sintetizar los datos recopilados y aplicarlos para refinar el diseño en consecuencia. Este proceso iterativo ayuda a garantizar que cada iteración del diseño esté más informada y centrada en el usuario.

Para sintetizar y aplicar eficazmente los comentarios de los usuarios:

1. Revise y analice los datos recopilados, en busca de conocimientos, patrones y hallazgos procesables.
2. Clasifique y priorice los hallazgos en función de su impacto en la experiencia del usuario y los objetivos comerciales.
3. Trabaje con el equipo de diseño para pensar en soluciones y mejoras para los problemas identificados.
4. Implemente los cambios y revalide el diseño con los usuarios para asegurarse de que las mejoras hayan abordado sus inquietudes.

5.5.4 Validación continua y tendencias futuras

Con el auge de los métodos analíticos y de recopilación de datos avanzados, los diseñadores pueden validar continuamente sus soluciones de diseño incluso después de que se haya lanzado un producto. Supervisar el comportamiento de los usuarios, realizar pruebas periódicas de usabilidad y recopilar comentarios de los usuarios puede ayudar a refinar y optimizar el diseño con el tiempo.

Además, mantenerse actualizado con las tendencias actuales, las tecnologías emergentes y los comportamientos de los usuarios puede ayudar a identificar oportunidades para mejoras e innovaciones futuras. Los diseñadores de UX nunca deben dejar de aprender y superar los límites de lo que es posible para crear experiencias de usuario excepcionales que superen la prueba del tiempo.

En conclusión, validar las soluciones de diseño con los usuarios es un aspecto esencial del proceso de diseño de UX que asegura la usabilidad y relevancia del producto final. Al emplear diversas técnicas de validación, sintetizar los comentarios de los usuarios y refinar continuamente el diseño, los diseñadores de UX pueden ayudar a crear productos que ofrezcan experiencias de usuario atractivas y satisfactorias, ahora y en el futuro.

Capítulo 6: El auge de las interfaces de usuario de

voz y el diseño conversacional

El ámbito del diseño de experiencia de usuario (UX) ha extendido sus alas a múltiples formatos y dispositivos de diseño, y las interfaces de usuario de voz (VUI) y el diseño conversacional son las últimas tendencias que muestran el extraordinario potencial del diseño de UX. Este capítulo profundizará en el auge de las interfaces de usuario de voz y el diseño conversacional, analizando su impacto en los principios de diseño y prediciendo su futuro en el diseño digital.

6.1 Comprender las interfaces de usuario de voz (VUI)

Las interfaces de usuario de voz, también conocidas como VUI, permiten a los usuarios interactuar con dispositivos o aplicaciones a través de su voz, en lugar de los modos tradicionales de interacción como hacer clic en botones, deslizar o tocar gestos. A medida que la tecnología evoluciona, las VUI se vuelven más frecuentes y dejan su huella en varias plataformas, incluidos teléfonos inteligentes, parlantes inteligentes e incluso sistemas de navegación para automóviles.

Inspirándose en el procesamiento del lenguaje natural (NLP) y las técnicas de inteligencia artificial, las VUI permiten a los diseñadores crear experiencias de usuario que son más intuitivas, eficientes y accesibles. Proporcionan una adición significativa a la gama de herramientas y técnicas que los diseñadores de UX pueden elegir cuando abordan las necesidades de los usuarios.

6.1.1 Principios clave del diseño de VUI

El diseño de VUI es sin duda un nuevo desafío para los diseñadores, principalmente porque requiere la adaptación a nuevos contextos, restricciones y requisitos del usuario. Aquí hay algunos principios esenciales del diseño de VUI que los profesionales de UX deben considerar:

1. **Coherencia** : una VUI bien diseñada debe mantener la coherencia en varias dimensiones, incluidos el idioma, la tonalidad y las funciones disponibles, para brindar a los usuarios una experiencia fluida, predecible y atractiva.
2. **Flexibilidad** : a diferencia de las interfaces gráficas tradicionales, las VUI deben adaptarse a las variaciones en los patrones de voz, los acentos y las indicaciones del usuario, lo que aumenta la necesidad de flexibilidad en el sistema.
3. **Descubrimiento** : dado que las VUI carecen de indicadores o señales visuales, los diseñadores deben confiar en las señales y respuestas verbales para facilitar el descubrimiento y ayudar a los usuarios a comprender las funciones e interacciones disponibles.
4. **Control del usuario** : las VUI deben proporcionar a los usuarios una sensación de control y autonomía, permitiéndoles acceder a la información o ejecutar

tareas con facilidad y permitiéndoles gestionar sus interacciones al ritmo deseado.

6.2 Introducción al diseño conversacional

Un subconjunto de las interfaces de usuario de voz, el diseño conversacional se centra en el flujo natural de comunicación entre los usuarios y los dispositivos o sistemas en forma de conversaciones. La conversación evoca una sensación de interacción humano-computadora en lugar de un escenario de dar órdenes unidireccionales. Esto representa un cambio significativo en la filosofía de diseño, con conversaciones asumiendo el papel de interfaz principal entre usuarios y sistemas.

El diseño conversacional se aplica a varios contextos, incluidos los chatbots, los altavoces inteligentes, los asistentes de voz y otros servicios controlados por voz. Su objetivo es hacer que las interacciones entre el usuario y el sistema se sientan más naturales, intuitivas y atractivas al aprovechar las conversaciones similares a las de los humanos.

6.2.1 Elementos del diseño conversacional

El diseño conversacional requiere que los diseñadores de UX consideren los siguientes elementos críticos al crear interfaces de diálogo:

1. **Estructura de diálogo** : las conversaciones deben tener aperturas claras, opciones de indicaciones para el usuario y declaraciones de cierre, que brinden a los usuarios una guía sobre cómo interactuar con el sistema.

2. **Comprensión del lenguaje natural** : los sistemas deben ser capaces de comprender y responder a las entradas del lenguaje natural, adaptándose a las variaciones en las indicaciones y solicitudes de los usuarios.

3. **Conocimiento del contexto** : los diseñadores deben integrar información contextual para crear respuestas personalizadas y relevantes para los usuarios.

4. **Manejo de errores** : las interfaces conversacionales deben manejar con gracia los errores y malentendidos de los usuarios al ofrecer orientación y andamiaje adecuados para ayudar a los usuarios a lograr sus objetivos.

6.3 Impacto de las VUI y el diseño conversacional en los principios de UX

A medida que el mundo experimenta un aumento en las VUI y el diseño conversacional, los diseñadores de UX deben adaptar y ampliar su conocimiento y enfoque de diseño existentes. Hay cuatro formas principales en que las VUI y el diseño conversacional impactan en los principios de diseño de UX:

1. **Cambio de paradigma** : los diseñadores deben cambiar su enfoque de un diseño centrado en lo visual a uno centrado en la conversación,

centrándose en crear opciones de diálogo y respuestas que se sientan naturales y agradables para los usuarios.

2. **Adaptación de los flujos de usuarios** : con las interacciones y conversaciones habilitadas por voz, los diseñadores deben volver a evaluar los flujos de usuarios y la arquitectura de la información para garantizar experiencias de usuario perfectas.

3. **Inclusividad y accesibilidad** : las VUI y el diseño conversacional pueden hacer que la tecnología sea más accesible para personas con discapacidades físicas o usuarios que están menos familiarizados con las interfaces tradicionales, lo que impone una responsabilidad adicional a los diseñadores para crear experiencias más inclusivas.

4. **Diseño para el contexto** : las interacciones de voz a menudo ocurren en diversos contextos, como mientras conducen o cocinan, lo que requiere que los diseñadores consideren las limitaciones e implicaciones ambientales para crear experiencias conscientes del contexto.

6.4 Explorando el futuro de las VUI y el diseño conversacional

A medida que los ecosistemas digitales sigan evolucionando, es probable que las VUI y el diseño conversacional se vuelvan más predominantes y sofisticados. Las siguientes tendencias e innovaciones podrían dar forma al futuro de estas interfaces:

1. **Interacción multimodal** : el diseño colaborativo de UX podría evolucionar para combinar voz, tacto y

gestos, lo que permitiría a los usuarios moverse sin problemas entre diferentes modos de interacción.

2. **Inteligencia emocional** : a medida que avanza la tecnología de IA, los diseñadores podrían incorporar la inteligencia emocional en las VUI y el diseño conversacional, lo que permitiría interacciones más empáticas y similares a las humanas.

3. **Comprensión mejorada del lenguaje natural** : las innovaciones futuras en NLP e IA podrían dar como resultado VUI que comprendan mejor las entradas de lenguaje complejo, lo que permite interacciones más fluidas y naturales.

4. **Consideraciones éticas** : a medida que las VUI y el diseño conversacional se vuelven más sofisticados, los diseñadores deben considerar las implicaciones éticas de estas interfaces, incluidas las preocupaciones de privacidad, seguridad y recopilación de datos.

El auge de las VUI y el diseño conversacional representa una era emocionante y desafiante en el diseño de UX. A medida que los diseñadores adaptan y amplían sus habilidades para abordar estos nuevos dominios de diseño, pueden crear experiencias digitales más intuitivas, atractivas y accesibles para los usuarios en una variedad de contextos y dispositivos.

6.1 Comprender las interacciones de voz y las VUI

En los últimos años, las interacciones de voz y las interfaces de usuario de voz (VUI) han ganado una tracción significativa en el espacio tecnológico. A medida que los productos de consumo como Amazon Alexa, Google Home, Apple Siri y Microsoft Cortana se vuelven más sofisticados, muchos usuarios ahora utilizan la voz con más frecuencia para las tareas diarias.

Esta tecnología emergente ha abierto un nuevo espectro de oportunidades para que los diseñadores creen experiencias de usuario intuitivas y atractivas. Para dominar el arte del diseño de UX, es esencial comprender los principios de las interacciones de voz y las VUI.

¿Qué son las interacciones de voz y las VUI?

Las interacciones de voz se refieren a la comunicación entre un usuario y un sistema a través del lenguaje hablado. El sistema está programado para comprender y responder a comandos o solicitudes verbales, generalmente en forma de interfaz de usuario de voz (VUI).

Una VUI es un tipo de interfaz que permite a los usuarios interactuar con dispositivos y aplicaciones mediante comandos de voz o voz. A diferencia de las interfaces gráficas de usuario (GUI) tradicionales que se basan en elementos visuales como botones y menús, las VUI se basan en la entrada y salida de voz para el intercambio de información.

¿Por qué son importantes las interacciones de voz y las VUI?

Las interacciones de voz y las VUI tienen una gran cantidad de beneficios para mejorar la experiencia del usuario:

1. **Accesibilidad:** las VUI brindan un medio de interacción más accesible para los usuarios con discapacidades visuales o motoras, así como para aquellos que pueden realizar múltiples tareas y no pueden usar las manos o los ojos.
2. **Conveniencia:** las interacciones de voz facilitan una experiencia de manos libres y ojos libres, ideal para cuando los usuarios cocinan, conducen o realizan otras actividades que requieren su atención.
3. **Rápido y eficiente:** para ciertas tareas, como solicitar información rápida o controlar dispositivos domésticos inteligentes, las interacciones de voz a menudo pueden ser más rápidas y eficientes que las interfaces tradicionales.
4. **Interacción natural:** las interacciones de voz pueden parecer más conversacionales y humanas, lo que lleva a los usuarios a ver sus dispositivos como accesibles y fáciles de usar.

Principios de diseño para interacciones de voz y VUI

Dominar el diseño de interacciones de voz y VUI implica considerar varios aspectos exclusivos del medio. Estos son algunos principios fundamentales a tener en cuenta:

1. **Comprender la intención del usuario:** una parte crítica del diseño de VUI es interpretar con precisión la intención del usuario. Para hacer esto, es esencial considerar las diversas formas en que los usuarios pueden formular sus consultas o comandos; en otras palabras, crear un modelo de lenguaje sólido.

2. **Mantener las conversaciones breves y contextuales:** a diferencia de las interfaces visuales, los usuarios no tienen una referencia visible para navegar a través de las VUI, por lo que es importante proporcionar a los usuarios respuestas breves y garantizar conversaciones eficientes. Mantener el contexto también es primordial, ya que ayuda a la VUI a comprender mejor las intenciones del usuario y adaptar las respuestas en consecuencia.

3. **Proporcionar comentarios claros y manejo de errores:** dado que las VUI carecen de señales visuales, es crucial incorporar comentarios auditivos claros para señalar acciones exitosas o comunicar errores. También es necesario un manejo adecuado de errores, brindando sugerencias alternativas o solicitando al usuario que reformule su consulta cuando el sistema tenga dificultades para comprender.

4. **Diseño para Descubrimiento:** Para adaptarse a las limitaciones naturales de las interacciones de voz, asegúrese de que los usuarios puedan descubrir y aprender fácilmente las funciones disponibles. Esto puede implicar la incorporación estratégica de indicaciones de funciones durante las interacciones, combinando información útil en las conversaciones.

5. **Conversaciones similares a las humanas:** los usuarios pueden relacionarse mejor con las VUI con conversaciones naturales similares a las humanas. Para lograr esto, considere incorporar atributos como el tono, el ritmo y la emoción en el diseño de la voz. Esto ayuda a crear una experiencia más atractiva y cercana.

Tendencias futuras en interacciones de voz y VUI

A medida que la tecnología evoluciona, el uso de interacciones de voz y VUI continúa creciendo.

Algunas tendencias notables que vale la pena explorar incluyen:

1. **Reconocimiento de emociones y sentimientos:** en el futuro, las VUI podrán analizar los estados emocionales de los usuarios y utilizar esta información para adaptar las respuestas y las interacciones.
2. **Interfaces multimodales:** la combinación de interacciones de voz con otras modalidades de entrada (p. ej., tacto, gestos) puede crear experiencias más ricas y versátiles.
3. **Sistemas conscientes del contexto:** a medida que los dispositivos se vuelven más conscientes de los contextos de los usuarios, desde la ubicación hasta otros datos del sensor, las interacciones de voz pueden volverse aún más personalizadas y relevantes.
4. **Avances en inteligencia artificial y aprendizaje automático:** las mejoras en el procesamiento y la comprensión del lenguaje natural permitirán interacciones de voz más complejas e inmersivas.

En conclusión, comprender las interacciones de voz y las VUI es crucial para navegar por el panorama del diseño de UX. Al dominar los principios de diseño específicos de este medio y mantenerse actualizado sobre las tendencias emergentes, los diseñadores pueden crear experiencias de usuario más intuitivas y atractivas para el futuro.

6.2 Diseño para asistentes de voz y altavoces inteligentes

El mundo de la tecnología está en constante evolución y adaptándose a las necesidades y preferencias de sus usuarios. Uno de esos avances es el auge de los asistentes de voz y los parlantes inteligentes, que están cambiando la forma en que interactuamos con la tecnología. Estos dispositivos ofrecen una forma completamente nueva de interacción con el usuario y están preparados para convertirse en la próxima gran plataforma que deben dominar los diseñadores.

Como diseñadores de UX, es nuestra responsabilidad adoptar estas nuevas herramientas y adaptar nuestros procesos de diseño para crear interacciones fluidas y naturales para los usuarios. Esta sección discutirá los elementos fundamentales del diseño de asistentes de voz, incluidos sus desafíos únicos, la importancia de crear escenarios de usuario detallados y las diversas técnicas que se pueden emplear para crear una experiencia de usuario agradable.

Comprensión de los asistentes de voz y los altavoces inteligentes

Antes de sumergirse en el proceso de diseño, es fundamental reconocer y comprender las características y diferencias entre los asistentes de voz y los altavoces inteligentes. Si bien están estrechamente relacionados, poseen características y capacidades distintas, que sin duda influirán en su enfoque de diseño.

Asistentes de voz

Los asistentes de voz son aplicaciones de software que ayudan a los usuarios con diversas tareas y acceden a la información a través de la entrada de lenguaje natural. Proporcionan un nivel de interacción que es diferente a las interfaces gráficas de usuario (GUI) tradicionales, que requieren que los usuarios confíen en su voz, en lugar de imágenes, para navegar y realizar tareas.

Ejemplos de asistentes de voz incluyen:

- Amazon Alexa
- Asistente de Google
- Apple Siri
- microsoft cortana

Estas plataformas están disponibles en una variedad de dispositivos, como teléfonos inteligentes, tabletas y computadoras, además de parlantes inteligentes.

Altavoces inteligentes

Los parlantes inteligentes son dispositivos de hardware que incorporan tecnología de asistente de voz, lo que permite a los usuarios interactuar con su asistente de voz incorporado a través de comandos verbales. Además de sus capacidades de salida de audio, los parlantes inteligentes a menudo se integran con electrodomésticos inteligentes y otros dispositivos conectados a Internet.

Ejemplos de altavoces inteligentes incluyen:

- Amazon eco
- Página principal de Google
- Apple HomePod
- Sonos Uno

Es importante tener en cuenta que, si bien los parlantes inteligentes vienen con un asistente de voz incorporado, también pueden ser compatibles con otras plataformas de asistentes de terceros.

Desafíos únicos del diseño de interfaz de voz

El diseño de interfaces de usuario de voz (VUI) presenta varios desafíos que son distintos de las interfaces gráficas de usuario:

1. Falta de señales visuales

En una GUI típica, los usuarios pueden confiar en señales visuales como botones, menús e íconos para navegar por un sitio web o una aplicación. Con las VUI, esta dependencia del andamiaje visual se reduce significativamente, lo que hace que sea más difícil guiar a los usuarios a través de una interfaz.

2. Procesamiento del lenguaje natural

Las VUI requieren que los usuarios empleen la entrada de lenguaje natural, que puede ser muy variable en términos de estructura de oraciones, redacción y sintaxis. Los diseñadores deben tener en cuenta estos matices y anticipar una amplia gama de posibles entradas de los usuarios.

3. Recuperación de errores

Cuando los usuarios encuentran errores o se sienten frustrados con una GUI, las señales visuales a menudo pueden ayudarlos a recuperarse y continuar con su tarea. En una VUI, la falta de retroalimentación visual dificulta la recuperación de errores, ya que los usuarios deben confiar completamente en su memoria y en la guía verbal del sistema.

4. Accesibilidad

Los diseñadores deben asegurarse de que sus diseños de VUI sean accesibles para una amplia gama de usuarios, incluidos aquellos que pueden tener capacidades auditivas, del habla o cognitivas limitadas. Esto incluye optimizar las capacidades de procesamiento del lenguaje del sistema e incorporar técnicas para simplificar y aclarar la interacción del usuario con el sistema.

Primeros pasos con el diseño de la interfaz de voz

Como con cualquier proyecto de diseño, es esencial comenzar identificando a su público, comprendiendo sus necesidades y definiendo sus objetivos. Comience por hacer las siguientes preguntas:

1. ¿Quiénes son sus usuarios y cuáles son sus necesidades y preferencias?
2. ¿Qué tareas e interacciones admitirá su VUI?
3. ¿Cómo puede su VUI mejorar la experiencia del usuario o simplificar su flujo de trabajo?
4. ¿En qué dispositivos y plataformas estará disponible su VUI?

Una vez que tenga una comprensión sólida de su público objetivo y los resultados deseados, puede pasar al siguiente paso en el proceso de diseño: crear escenarios de usuario.

Creación de escenarios de usuario

Los escenarios de usuario son una herramienta valiosa para guiar el diseño y desarrollo de su interfaz de voz. Ayudan a identificar interacciones clave, guían la estructura de sus flujos de conversación y simulan la experiencia del usuario al interactuar con su VUI.

Al desarrollar escenarios de usuario, tenga en cuenta lo siguiente:

1. Identifique los objetivos del usuario: ¿Qué quiere lograr el usuario con su VUI y cómo encaja en sus objetivos generales?
2. Determine las acciones del usuario: ¿Qué pasos debe seguir el usuario para lograr sus objetivos con su VUI?
3. Especifique las respuestas del sistema: ¿Cómo debería responder su VUI a las acciones del usuario y guiarlo a través del proceso?

Además de delinear estos elementos, es esencial considerar cualquier posible error u obstáculo que los usuarios puedan encontrar y diseñar métodos para manejar la recuperación de errores y proporcionar instrucciones claras.

Técnicas para diseñar una experiencia de usuario de voz encantadora

Una experiencia de usuario de voz bien diseñada es crucial para garantizar la adopción y satisfacción del usuario con su VUI. Aquí hay algunas estrategias para ayudarlo a crear una experiencia de usuario agradable:

1. Sea conversacional

Apunte a un tono natural y conversacional cuando diseñe su VUI. Esto no solo ayuda a los usuarios a sentirse más cómodos, sino que también hace que sea más probable que el sistema comprenda sus entradas.

2. Priorizar el contexto del usuario

Comprender el contexto en el que los usuarios interactuarán con su VUI es fundamental para adaptar la experiencia a sus necesidades. Tenga en cuenta factores como la ubicación del usuario, el tipo de dispositivo y la hora del día al diseñar interacciones.

3. Optimizar para Claridad

Asegúrese de que su interfaz de voz sea simple y concisa para minimizar la carga cognitiva de sus usuarios. Limite la cantidad de opciones presentadas, proporcione instrucciones claras y optimice el contenido conciso y resonante.

4. Centrarse en la recuperación de errores

Los errores son inevitables, así que asegúrese de diseñar sus interacciones de voz teniendo en cuenta el manejo y la recuperación de errores. Ofrezca una guía clara y concisa para ayudar a los usuarios a navegar con éxito a través de escenarios de error.

5. Probar e iterar

Al igual que con cualquier diseño, las pruebas continuas y la iteración son clave para crear una VUI exitosa. Pruebe sus interacciones de voz con usuarios reales para identificar cualquier problema, recopilar comentarios y perfeccionar su diseño en consecuencia.

En conclusión

Diseñar para asistentes de voz y parlantes inteligentes abre un mundo de oportunidades y desafíos para los diseñadores de UX. Al comprender las características únicas y las limitaciones de las VUI, crear escenarios de usuario detallados e incorporar técnicas para crear una experiencia de usuario agradable, los diseñadores pueden dar forma al futuro de las interacciones de voz y ayudar a los usuarios a navegar este mundo nuevo y valiente con facilidad y confianza.

Siga aprendiendo, experimentando e iterando, y dominará el arte de diseñar para asistentes de voz y garantizará que sus usuarios disfruten de una experiencia agradable y sin problemas.

6.3 Principios y mejores prácticas del diseño conversacional

Las interfaces y experiencias conversacionales han ganado una inmensa popularidad en los últimos tiempos, ya que ofrecen una forma más natural y atractiva para que los usuarios interactúen con los productos digitales. En este capítulo, analizaremos los principios y las mejores prácticas del diseño conversacional, lo que le permitirá crear experiencias conversacionales convincentes y memorables.

¿Qué es el Diseño Conversacional?

El diseño conversacional es el proceso de diseñar interfaces de usuario y experiencias que involucran interacciones de lenguaje natural. Se enfoca en crear flujos de conversación atractivos y efectivos que ayuden a los usuarios a lograr sus objetivos de manera fácil y eficiente. El diseño conversacional generalmente se aplica a chatbots, asistentes de voz y otras aplicaciones conversacionales.

Principios del diseño conversacional

Para crear experiencias conversacionales efectivas, es esencial comprender y aplicar los siguientes principios de diseño:

1. Centrarse en el usuario

Los diseños conversacionales exitosos priorizan y satisfacen las necesidades, preferencias y expectativas de los usuarios. Ponga siempre al usuario en el centro de su proceso de diseño, empatizando con sus problemas y objetivos, y diseñe conversaciones para abordarlos de manera efectiva.

2. Claridad y brevedad

Las conversaciones en el espacio digital deben ser claras y concisas. Los usuarios generalmente prefieren interacciones directas al grano. Evite la jerga innecesaria, las estructuras complicadas y las respuestas largas.

3. Anticiparse a las necesidades del usuario

Un diseño conversacional eficaz se anticipa a las necesidades del usuario proporcionando sugerencias relevantes, menús estructurados u opciones de respuesta rápida. Esto ayuda a agilizar la conversación y guiar a los usuarios a través de sus tareas.

4. Proporcione comentarios

Las interfaces conversacionales deben proporcionar retroalimentación a los usuarios, reconociendo sus aportes e informándoles sobre los próximos pasos. Esto fomenta la confianza y el compromiso, haciendo que los usuarios se sientan seguros en sus interacciones.

5. Manejo de errores

Los errores y malentendidos son comunes en las
conversaciones en lenguaje natural. Las estrategias
eficientes de manejo de errores incluyen presentar a
los usuarios opciones alternativas, reformular
preguntas o guiarlos suavemente para que vuelvan al
camino correcto.

6. Mantener el contexto

Las conversaciones deben fluir sin esfuerzo y
basarse en las interacciones anteriores. Mantener el
contexto agrega coherencia a la conversación y
ayuda a los usuarios a sentirse comprendidos por el
sistema.

7. Sé adaptable

Los grandes diseños conversacionales se adaptan a
los distintos comportamientos y preferencias de los
usuarios. Por ejemplo, acomodar diferentes dialectos,
jergas y matices lingüísticos puede mejorar
significativamente la experiencia del usuario.

8. Refleja la personalidad de la marca

Las experiencias conversacionales deben sentirse
agradables y atractivas. Crear una voz, un tono y un
estilo únicos para su interfaz que se alinee con la
identidad de su marca puede fomentar conexiones

emocionales, mejorar la confianza y aumentar la satisfacción del usuario.

Mejores prácticas para el diseño conversacional

Ahora que está familiarizado con los principios del diseño conversacional, exploremos las mejores prácticas que lo ayudarán a crear experiencias conversacionales exitosas:

1. Definir el alcance y el propósito

Antes de sumergirse en el proceso de diseño, defina claramente el propósito de su interfaz conversacional, sus objetivos y las funciones que admitirá. Tener un alcance bien definido te permite diseñar conversaciones más enfocadas y efectivas.

2. Investigue a su público objetivo

Comprenda quiénes son sus usuarios, sus hábitos, preferencias y puntos débiles. Recopilar información sobre su audiencia lo ayudará a adaptar la experiencia conversacional para satisfacer sus necesidades y expectativas.

3. Crea un flujo conversacional

Mapear el flujo conversacional es un paso crucial en el diseño de experiencias organizadas y coherentes. Cree diagramas de flujo, árboles de decisión o guiones gráficos para visualizar las rutas que un usuario puede tomar y garantizar transiciones fluidas entre estados de conversación.

4. Escribe diálogos naturales y atractivos

Elaborar el diálogo y la copia correctos es esencial para crear conversaciones atractivas. Use un lenguaje natural y un tono amigable, que refleje la personalidad de su marca, y tenga en cuenta a su público objetivo cuando elabore sus mensajes.

5. Usa entradas y salidas multimodales

Al diseñar una experiencia conversacional, considere incorporar varios métodos de entrada y salida, como texto, voz, señales visuales y animaciones, para crear una interfaz fluida e intuitiva.

6. Probar, iterar y mejorar

La prueba es una parte integral del proceso de diseño. Recopile comentarios de los usuarios, identifique áreas de mejora e itere sus diseños hasta que logre una experiencia de conversación eficiente y atractiva.

7. Plan de escalabilidad

A medida que su producto evoluciona, también debería hacerlo su interfaz conversacional. Planifique posibles actualizaciones, adiciones de funciones y expansiones de la plataforma para garantizar que su diseño siga siendo relevante, efectivo y atractivo para sus usuarios.

Al adherirse a estos principios y mejores prácticas de diseño conversacional, puede crear experiencias conversacionales exitosas, atractivas y memorables que se alineen con las tendencias futuras en el diseño de UX. Sigue experimentando e iterando para perfeccionar tus habilidades y dominar el arte del diseño conversacional.

6.4 Elaboración de diálogos naturales e intuitivos

Diseñar diálogos naturales e intuitivos es un aspecto crucial para crear una experiencia de usuario inmersiva y fluida, ya que garantiza una comunicación clara entre el usuario y el producto. Al diseñar la interfaz de usuario (UI) y la experiencia del usuario (UX) de una aplicación o un producto digital, la conversación y la interacción juegan un papel destacado, lo que permite a los usuarios comprender y comprender rápidamente las funcionalidades de su producto. Esta sección profundiza en los métodos y estrategias prácticos para crear diálogos naturales e intuitivos en varias plataformas digitales.

6.4.1 Comprenda a sus usuarios

Para crear diálogos naturales e intuitivos, el primer paso es comprender a los usuarios objetivo, sus preferencias y la forma en que se comunican. Esto incluye comprender su:

- **Datos demográficos:** la edad, el género, los antecedentes culturales y la ubicación pueden afectar el estilo y las preferencias de comunicación de los usuarios. Adaptarse al idioma y al contexto de su público objetivo contribuirá a que los diálogos sean más naturales e intuitivos.
- **Conocimiento tecnológico:** la familiaridad o experiencia de los usuarios con la tecnología y los productos digitales influirá en sus expectativas, nivel de paciencia y disposición para interactuar con las interfaces digitales. Diseñar diálogos de acuerdo con su conocimiento tecnológico conducirá a interacciones más intuitivas.
- **Contexto de uso:** La situación en la que el usuario interactuará con su producto impacta en la complejidad y el estilo de los diálogos necesarios. Considere si usarán el producto en el trabajo, en casa o sobre la marcha, y adapte sus diálogos a ese contexto.

6.4.2 Sea simple, claro y consistente

Una de las formas más efectivas de diseñar diálogos intuitivos es mantener el lenguaje y el flujo lo más simple posible. Esto incluye:

- **Uso de terminología familiar:** apéguese a frases y términos comunes y fáciles de entender, evitando la jerga técnica o el lenguaje complejo.
- **Ser conciso:** mantenga los mensajes y las instrucciones breves, centrándose en la claridad.
- **Mantener la consistencia:** use un lenguaje y una terminología consistentes en todo el producto para evitar confusiones o malas interpretaciones.

6.4.3 Priorizar la interacción similar a la humana

Al diseñar diálogos, apunte a un tono amigable y conversacional que fomente la participación del usuario. Algunos consejos incluyen:

- **Usar una voz activa:** escriba con una voz activa, que generalmente se siente más atractiva y cercana.
- **Personalización de la interacción del usuario:** use nombres, pronombres y otros elementos personales para crear una experiencia más humana.
- **Agregar emoción cuando sea apropiado:** según el contexto del producto y el grupo de usuarios objetivo, la incorporación de emoticonos, signos de exclamación u otras expresiones de emoción puede crear un tono más amigable y más fácil de relacionar.

6.4.4 Proporcionar comentarios en tiempo real

Para mejorar el aspecto intuitivo de los diálogos, proporcione comentarios en tiempo real a los usuarios mientras navegan e interactúan con su producto. Esto puede incluir:

- **Sugerencias interactivas:** ofrecer opciones o sugerencias basadas en la entrada del usuario ayuda a crear una experiencia más fluida.
- **Validación inmediata o mensajes de error:** si un usuario comete un error o completa con éxito una acción, proporcione comentarios inmediatos para evitar confusiones o frustraciones.

6.4.5 Diseño para accesibilidad e inclusión

La creación de un diseño de diálogo inclusivo y accesible garantiza que su producto sea utilizable por una amplia gama de usuarios. Para hacer esto:

- **Use fuentes y tamaños de texto claros:** elija fuentes legibles y tamaños de texto mínimos para acomodar a los usuarios con discapacidades visuales.
- **Considere el contraste de color:** tenga en cuenta las combinaciones de colores de texto y de fondo, asegurándose de que haya suficiente contraste para facilitar la lectura.
- **Compatibilidad con lectores de pantalla y tecnologías de asistencia:** diseñe sus diálogos con compatibilidad para tecnologías de asistencia, como guía de voz o compatibilidad con lectores de pantalla.

6.4.6 Probar e iterar

Finalmente, pruebe e itere continuamente sus diseños de diálogo para asegurarse de que cumplen con las necesidades y expectativas de sus usuarios. Analice los datos de uso, recopile los comentarios de los usuarios y realice pruebas de usabilidad para identificar problemas y optimizar sus diálogos.

En conclusión, la creación de diálogos naturales e intuitivos juega un papel fundamental en la creación de una UX óptima. Al comprender a sus usuarios, emplear un lenguaje claro y consistente, apuntar a una interacción similar a la humana, proporcionar comentarios en tiempo real, diseñar para accesibilidad e inclusión e iterar continuamente, creará experiencias digitales más efectivas y atractivas para sus usuarios.

6.5 El futuro de las experiencias Voice-First

A medida que el mundo del diseño de UX continúa evolucionando y cambiando para adaptarse a las tecnologías emergentes, una frontera que está ganando terreno rápidamente son las experiencias de voz primero. Estas son interacciones entre usuarios y dispositivos que se basan principalmente o únicamente en comandos de voz, respaldados por tecnologías de inteligencia artificial (AI) y procesamiento de lenguaje natural (NLP) de vanguardia.

Esta revolución tecnológica ha introducido asistentes virtuales controlados por voz como Alexa de Amazon,

Google Assistant, Siri de Apple y Cortana de Microsoft en nuestra vida diaria, mostrando el increíble potencial más allá de los diseños típicos basados en pantallas, allanando el camino para un futuro impulsado por la voz. En esta sección, exploraremos algunas de las tendencias clave que dan forma al futuro de las experiencias de voz primero y discutiremos cómo nosotros, como diseñadores de UX, podemos tener en cuenta la sostenibilidad mientras nos preparamos para estos cambios emergentes.

6.5.1 Un cambio de paradigma en el diseño de interacción

Es probable que ocurra un cambio significativo en el diseño de interacción en un futuro cercano, donde las experiencias de voz primero se conviertan en estándar en una amplia gama de aplicaciones y dispositivos. El papel de las interfaces visuales probablemente se reducirá y se hará hincapié en el diseño de interacciones vocales intuitivas y eficientes. La rápida expansión del Internet de las cosas (IoT) y la conectividad de los dispositivos inteligentes darán lugar a ecosistemas impulsados por voz que se integrarán perfectamente en la vida diaria de los usuarios. Los diseñadores de UX deben adaptarse a esta tendencia dominando las habilidades de diseño interdisciplinario que incluyen el diseño de interacción, el diseño industrial y el diseño inclusivo.

6.5.2 Asistentes de voz inteligentes emocionales

A medida que avanza la tecnología de voz, podemos esperar que los asistentes de voz adquieran una comprensión más profunda del usuario. Al utilizar algoritmos avanzados e IA, las experiencias de voz primero serán más personalizadas y conscientes del contexto. Con un enfoque en abordar el estado emocional del usuario, los asistentes de voz irán más allá de las simples respuestas de comando y se relacionarán con los usuarios en un nivel más intuitivo y natural. Esta inteligencia emocional será fundamental para brindar experiencias de usuario auténticas y personalizadas que evoquen confianza y lealtad.

6.5.3 Diversificación de Modalidades

Si bien los comandos de voz pueden convertirse en el principal modo de interacción, seguirá existiendo la necesidad de que los diseñadores creen experiencias que puedan transitar sin problemas entre varias modalidades. Por ejemplo, puede haber situaciones en las que los usuarios deseen utilizar varios métodos de entrada según el contexto, como usar el tacto o gestos cuando conversar con un asistente de voz no es apropiado. Esta diversificación en la modalidad subraya la importancia de comprender el contexto y diseñar interacciones flexibles que se adapten a los requisitos únicos de cada usuario.

6.5.4 Privacidad y seguridad mejoradas

A medida que los asistentes de voz se integren más en nuestras rutinas diarias y accedan a una gama más amplia de información personal, abordar los problemas de privacidad y seguridad será cada vez más crucial. Se deben implementar métodos de autenticación confiables para proteger los datos de los usuarios y garantizar que los usuarios se sientan cómodos al usar experiencias de voz primero. Las tecnologías biométricas avanzadas, como la identificación de huellas de voz, junto con el cifrado seguro de datos, desempeñarán un papel fundamental para mantener la confianza de los usuarios y abordar los problemas de privacidad.

6.5.5 Diseño Inclusivo y Accesible

Las experiencias de voz primero han mostrado desarrollos prometedores en la democratización del acceso a la tecnología para usuarios con discapacidades, como aquellos con discapacidades visuales o limitaciones físicas. A medida que evoluciona la tecnología de voz, los diseñadores de UX tienen la responsabilidad de garantizar que todos los usuarios puedan beneficiarse de estos avances. El diseño de interacciones de voz inclusivas y accesibles implicará considerar las necesidades y preferencias únicas de los usuarios con diversas capacidades, fomentando un panorama tecnológico más equitativo.

6.5.6 Consideraciones éticas en Voice AI

La rápida evolución de la IA en la tecnología de voz podría generar preocupaciones éticas sobre la transparencia, el control y el uso de datos. Como diseñadores de UX, debemos asegurarnos de que las experiencias de voz primero se diseñen teniendo en cuenta estas consideraciones éticas. Los usuarios deben tener control sobre sus datos y debe haber transparencia en cómo se usan y procesan. Garantizar que los algoritmos de IA estén libres de sesgos, promoviendo la diversidad y la inclusión, será fundamental para fomentar un futuro justo y ético en las experiencias de voz primero.

En conclusión, el futuro de las experiencias de voz primero es, sin duda, transformador y disruptivo. Para prepararse para esta revolución inminente, los diseñadores de UX deben mantenerse informados sobre las tecnologías de voz emergentes, las tendencias y las implicaciones éticas mientras evolucionan continuamente su enfoque para diseñar interacciones intuitivas, naturales y sólidas. Al adoptar el cambio de paradigma hacia las experiencias de voz primero y priorizar las prácticas de diseño inclusivas y sostenibles, los diseñadores de UX pueden ayudar a crear un futuro que empodere y enriquezca las vidas de los usuarios en todo el mundo.

Capítulo 7: Experiencias inmersivas: exploración de AR y VR en el diseño de UX

Introducción

Las experiencias inmersivas se han vuelto cada vez más populares en los últimos años a medida que los diseñadores continúan ampliando los límites de lo que es posible en el mundo de la experiencia del usuario. Con el crecimiento de las tecnologías de realidad aumentada (AR) y realidad virtual (VR), las posibilidades para diseñar experiencias inmersivas se han expandido rápidamente más allá de las interfaces bidimensionales para incluir entornos tridimensionales que rodean por completo a los usuarios, lo que les permite interactuar con el contenido digital en maneras completamente nuevas. En este capítulo, exploraremos cómo los diseñadores de UX pueden aprovechar estas nuevas y emocionantes oportunidades al profundizar en los aspectos únicos de AR y VR en el diseño de UX.

Descripción general de las tecnologías AR y VR

Antes de sumergirnos en los principios de diseño de UX específicos de AR y VR, analicemos primero los conceptos básicos de estas tecnologías y lo que implican.

Realidad Aumentada (RA)

La realidad aumentada combina elementos del mundo real con contenido digital, superponiendo modelos 3D, animaciones u otros activos digitales en la vista de un usuario de su entorno físico, generalmente a través de la pantalla de un teléfono o tableta o dispositivo portátil. El objetivo de AR es mejorar la percepción de un usuario de su entorno al agregar información o experiencias contextualmente relevantes. Los ejemplos de aplicaciones AR incluyen sistemas de navegación que muestran direcciones en el campo de visión de un usuario o plataformas educativas que permiten a los estudiantes explorar modelos 3D de estructuras que están estudiando.

Realidad virtual (RV)

La realidad virtual, por otro lado, sumerge a los usuarios en un entorno completamente digital, alejándolos de su entorno físico. Se accede comúnmente a las experiencias de realidad virtual mediante pantallas montadas en la cabeza (HMD) que rastrean los movimientos de la cabeza del usuario, lo que da como resultado una experiencia de 360 grados más interactiva y atractiva. A través de la realidad virtual, los usuarios pueden explorar mundos completamente nuevos, participar en simulaciones vívidas o interactuar con contenido digital de una manera que imite o mejore las experiencias del mundo real. Los ejemplos de aplicaciones de realidad virtual van desde videojuegos y simulaciones hasta visualizaciones arquitectónicas y tratamientos terapéuticos.

Principios de diseño para experiencias inmersivas

Aunque las tecnologías AR y VR son distintas, comparten algunos principios de diseño comunes que los diseñadores de UX pueden aplicar al crear experiencias inmersivas. Considere las siguientes pautas al diseñar para AR y VR:

Conciencia espacial y contexto

Tanto en las experiencias de AR como de VR, se espera que los usuarios interactúen con sus entornos de formas más significativas que las interfaces 2D tradicionales, lo que requiere que los diseñadores consideren los aspectos espaciales de la experiencia. Esto implica mapear el contenido digital en ubicaciones del mundo real, comprender cómo los usuarios perciben la profundidad y las dimensiones y mantener un sentido de coherencia espacial.
Además, es esencial considerar el contexto en el que los usuarios interactuarán con la experiencia, como el entorno, las habilidades y los antecedentes culturales del usuario.

Comodidad del usuario

La comodidad es esencial para garantizar una experiencia atractiva y agradable para los usuarios, especialmente cuando se sumergen en un entorno digital durante períodos prolongados. Lograr la comodidad del usuario en AR y VR puede involucrar factores como minimizar el mareo por movimiento a través de un movimiento estable, crear métodos de interacción intuitivos y ergonómicos y garantizar texto legible e información visual. Además, es vital tener en cuenta la comodidad física de los usuarios en el mundo real, como evitar la extensión prolongada del brazo en aplicaciones AR o diseñar para sentarse o estar de pie durante mucho tiempo en VR.

Diseño de interacción

Desarrollar interacciones intuitivas y significativas es la piedra angular del diseño de UX. En experiencias inmersivas, esto incluye diseñar gestos y métodos de entrada que sean naturales para los usuarios en un espacio 3D. Aproveche las capacidades de los dispositivos AR y VR, como los controladores de movimiento, el seguimiento de la mirada o el seguimiento de la mano, para crear interacciones fluidas que imiten las acciones del mundo real. Además, los diseñadores deben considerar cómo los usuarios navegarán por el contenido digital y explorarán el entorno, utilizando patrones de diseño establecidos cuando corresponda y asegurándose de que el sistema proporcione retroalimentación en respuesta a las entradas de los usuarios.

Accesibilidad e inclusión

Las experiencias inmersivas deben diseñarse para usuarios de todas las capacidades y antecedentes. Los diseñadores deben tener en cuenta los diferentes niveles de alfabetización digital y espacial, así como las posibles discapacidades físicas, proporcionando múltiples métodos de interacción, tamaños de texto y niveles de audio ajustables y otras adaptaciones. Además, se debe considerar la sensibilidad cultural y la inclusión para evitar alejar a los usuarios de diferentes orígenes.

Consideraciones de diseño de AR y VR

Si bien muchos principios de diseño se aplican a las experiencias AR y VR, cada tecnología tiene aspectos únicos que los diseñadores deben considerar al crear su UX:

Realidad aumentada

- Integración en el mundo real: tenga en cuenta el entorno del mundo real de los usuarios cuando diseñe experiencias de realidad aumentada, asegurándose de que el contenido digital se coloque correctamente y no obstruya información importante ni cree riesgos para la seguridad.
- Restricciones del dispositivo: considere las restricciones de los dispositivos AR, como tamaños de pantalla limitados, rendimiento variable y duración de la batería, cuando diseñe experiencias a las que los usuarios puedan acceder a través de una variedad de dispositivos.

- Privacidad: los usuarios pueden tener preocupaciones de privacidad con respecto a su ubicación física, apariencia y acciones capturadas por dispositivos AR. Los diseñadores deben abordar estas preocupaciones a través de la transparencia, el control y la seguridad.

Realidad virtual

- Inmersión y presencia: la capacidad de sentirse completamente inmerso en un entorno virtual es una de las características más atractivas de la realidad virtual. Los diseñadores deben priorizar la creación de entornos realistas y muy detallados y mantener una sensación de presencia durante toda la experiencia.
- Locomoción y navegación: el movimiento en realidad virtual puede ser un desafío debido a las limitaciones en la tecnología de seguimiento y el espacio reducido disponible para los usuarios. Los diseñadores deben considerar métodos de locomoción alternativos que sean cómodos e intuitivos, como la teletransportación o el balanceo de brazos.
- Interacción social: la adición de experiencias sociales puede mejorar en gran medida el atractivo de las aplicaciones de realidad virtual, ya sea a través de juegos multijugador o reuniones virtuales. Los diseñadores deben considerar cómo los usuarios se comunicarán y colaborarán dentro del entorno digital, teniendo en cuenta tanto la comunicación verbal como la no verbal.

Conclusión

En conclusión, las tecnologías inmersivas como AR y VR brindan nuevas y emocionantes oportunidades para que los diseñadores de UX creen experiencias atractivas y memorables. Al comprender los aspectos únicos de estas plataformas y considerar los principios de diseño fundamentales para las experiencias inmersivas, los diseñadores pueden cerrar la brecha entre los mundos físico y digital, empujando los límites del diseño de la experiencia del usuario hacia nuevas dimensiones.

7.1 El potencial de la realidad aumentada y la realidad virtual

La Realidad Aumentada (AR) y la Realidad Virtual (VR) son dos tecnologías florecientes que tienen el potencial de transformar el mundo del diseño UX. Si bien las dos tecnologías a menudo se usan indistintamente, representan dos experiencias fundamentalmente diferentes. AR superpone objetos digitales e información en el entorno físico del usuario, mientras que VR sumerge totalmente al usuario en un mundo completamente generado por computadora. La combinación perfecta de estos dos mundos ha dado lugar a la realidad mixta (MR), que amplía aún más las posibilidades de los diseñadores de UX.

En esta sección, discutiremos el inmenso potencial que tienen AR y VR para el diseño de UX, exploraremos los desafíos que deben abordarse y examinaremos las tendencias futuras que rodean estas dos tecnologías emocionantes.

Aplicaciones AR y VR en diseño UX

Cuando se trata de diseño UX, AR y VR abren experiencias de usuario y posibilidades de interacción completamente nuevas. Algunos ejemplos de cómo AR y VR podrían aplicarse al diseño de UX incluyen:

1. **Comercio minorista y comercio electrónico** : la tecnología AR puede permitir a los clientes probarse virtualmente ropa, accesorios o incluso muebles en sus hogares antes de realizar una compra. Al combinar AR con el aprendizaje automático, las plataformas de comercio electrónico pueden ofrecer experiencias de compra personalizadas, recomendaciones de productos en el acto e información de tamaño más precisa para los usuarios.
2. **Educación** : en el ámbito de la educación, AR y VR pueden hacer que el aprendizaje sea más inmersivo, interactivo y atractivo. Desde la exploración de sitios históricos hasta la disección de especímenes virtuales, estas tecnologías pueden agregar una nueva dimensión a la educación al transformar conceptos abstractos en experiencias tangibles.
3. **Cuidado de la salud** : las aplicaciones de AR en el cuidado de la salud pueden ayudar a los cirujanos durante procedimientos complejos a través de la superposición de información crucial en el cuerpo del paciente, mientras que la realidad virtual ha demostrado ser efectiva para la terapia de exposición en el tratamiento de fobias, ansiedad y trastorno de estrés postraumático.
4. **Capacitación de la fuerza laboral** : las tecnologías AR y VR pueden revolucionar la capacitación ocupacional al simular situaciones del

mundo real y brindar experiencia práctica. Campos como la aviación, la fabricación y la arquitectura pueden beneficiarse enormemente de las simulaciones de formación inmersivas que no solo ahorran tiempo sino que también reducen el riesgo de errores.

5. **Entretenimiento y juegos** : la industria de los juegos ha adoptado rápidamente las tecnologías AR y VR, creando experiencias inmersivas y narrativas interactivas que redefinen el juego. En el sector del entretenimiento, las audiencias ahora pueden convertirse en participantes activos dentro de sus historias favoritas, transformando la forma en que consumimos e interactuamos con el contenido.

Desafíos en AR y VR UX Design

A pesar de su gran potencial, AR y VR también presentan varios desafíos únicos para los diseñadores de UX:

1. Navegando por lo desconocido

Como tecnologías relativamente más nuevas, AR y VR carecen de patrones de diseño estandarizados y mejores prácticas. Los diseñadores necesitan navegar por lo desconocido y encontrar soluciones creativas a los problemas de los usuarios mientras equilibran la curiosidad y la introspección.

2. Integración del Mundo Físico y Digital

En contraste con el diseño tradicional de UX basado en pantalla, AR y VR requieren que los diseñadores consideren no solo el entorno digital sino también el físico del usuario. Garantizar que la información digital sea contextualmente relevante y discreta es fundamental para una experiencia exitosa de AR o VR.

3. Accesibilidad e inclusión

Las experiencias de AR y VR deben ser accesibles e inclusivas para los usuarios con diversas capacidades y discapacidades. Los diseñadores deben considerar los desafíos y requisitos únicos de varios grupos demográficos de usuarios, incluidos aquellos con discapacidades cognitivas, visuales o motoras.

4. Métodos de entrada

La falta de métodos de entrada tradicionales como teclados y ratones en entornos AR y VR exige la exploración de métodos de entrada alternativos, como gestos, comandos de voz y seguimiento ocular. Los diseñadores deben lograr un equilibrio entre las interacciones intuitivas y evitar la fatiga o la frustración del usuario.

5. Mareo por movimiento y comodidad

Especialmente en las experiencias de realidad virtual, el mareo por movimiento y la comodidad del usuario son preocupaciones críticas. Los diseñadores deben tener en cuenta el movimiento, el ritmo y el sentido de conciencia espacial del usuario para evitar causar molestias o desorientación.

Tendencias futuras en AR y VR UX Design

Las capacidades de las tecnologías AR y VR están evolucionando rápidamente, y las tendencias de diseño de UX que darán forma a su futuro apenas comienzan a surgir. Algunas de las tendencias clave que dan forma al futuro del diseño AR y VR UX incluyen:

1. **IA y aprendizaje automático** : la integración de la inteligencia artificial (IA) y el aprendizaje automático (ML) en las experiencias de AR y VR permitirá interacciones de usuario más personalizadas y contextualizadas, mejorando la experiencia general del usuario.
2. **5G y conectividad** : con las redes 5G y una mayor conectividad, las experiencias de AR y VR pueden volverse más fluidas, reduciendo la latencia y aumentando el potencial de interacciones colaborativas en tiempo real entre los usuarios y sus entornos.
3. **Retroalimentación háptica** : los avances en la tecnología háptica permitirán el desarrollo de experiencias AR y VR más inmersivas y táctiles, lo que permitirá a los usuarios 'tocar' y 'sentir' su entorno digital.
4. **Computación espacial** : aumentada con IA, la computación espacial permite que el contenido digital se adapte de manera inteligente a los entornos físicos cambiantes en tiempo real, ofreciendo nuevas formas para que los usuarios interactúen con las aplicaciones AR y VR.
5. **Dispositivos portátiles** : la aparición de dispositivos portátiles más avanzados y asequibles,

como las gafas inteligentes AR y los auriculares VR de próxima generación, contribuirá a la adopción general de las experiencias AR y VR.

En conclusión, AR y VR tienen el potencial de revolucionar el diseño de UX al ofrecer experiencias de usuario y posibilidades de interacción completamente nuevas. Al explorar estas tecnologías, los diseñadores pueden impactar positivamente en varios sectores, desde la atención médica y la educación hasta el entretenimiento y el comercio. Sin embargo, para aprovechar todo el potencial de AR y VR, los diseñadores de UX deben aceptar nuevos desafíos, adaptarse a las tendencias emergentes y ampliar los límites de lo que es posible en el diseño de la experiencia del usuario.

7.2 Diseño para entornos espaciales e inmersivos

Los entornos espaciales e inmersivos son cada vez más frecuentes debido a los avances en las tecnologías de realidad virtual (VR), realidad aumentada (AR) y realidad mixta (MR). Estas tecnologías tienen el potencial de revolucionar la forma en que interactuamos con la información y las experiencias digitales. Como diseñadores de UX, es crucial adaptar nuestro proceso de diseño y aprovechar las posibilidades que ofrecen estas nuevas tecnologías.

En esta sección, exploraremos los desafíos y oportunidades únicos que plantean los entornos espaciales e inmersivos, y brindaremos enfoques prácticos para diseñar experiencias efectivas y atractivas.

7.2.1 Comprender los entornos espaciales e inmersivos

Antes de sumergirse en el proceso de diseño, es crucial comprender las características de los entornos espaciales e inmersivos, y las diferentes tecnologías que los habilitan:

* **Realidad Virtual (VR)** : Una tecnología totalmente inmersiva que transporta al usuario a un entorno digital. Los usuarios suelen llevar unos auriculares (como Oculus Rift o HTC Vive) que ocluyen por completo su visión del mundo real y utilizan el seguimiento de movimiento para hacer coincidir su movimiento en el mundo real con su movimiento en el entorno digital.
* **Realidad aumentada (AR)** : una tecnología que superpone información y experiencias digitales en la visión del usuario del mundo real. Esto se puede lograr utilizando dispositivos móviles (como teléfonos inteligentes o tabletas) o pantallas montadas en la cabeza (como Microsoft HoloLens o Magic Leap One) que permiten al usuario ver el mundo real y el contenido digital simultáneamente.
* **Realidad mixta (MR)** : una tecnología híbrida que combina elementos de VR y AR. Al igual que AR, el usuario puede ver el mundo real, pero las experiencias de MR también pueden incorporar objetos digitales que parecen ser parte del mundo real y pueden interactuar con él.

7.2.2 Evaluación del potencial y las limitaciones de las tecnologías espaciales e inmersivas

Para diseñar experiencias exitosas para estas nuevas tecnologías, es importante comprender su potencial y sus limitaciones. Los factores clave a considerar incluyen:

- **Experiencia del usuario** : las tecnologías espaciales e inmersivas tienen el potencial de crear experiencias increíblemente atractivas e inmersivas. Sin embargo, también presentan desafíos relacionados con el mareo por movimiento, la carga cognitiva y el diseño de la interfaz de usuario que deben manejarse con cuidado.
- **Accesibilidad** : las tecnologías espaciales e inmersivas pueden ayudar a crear experiencias más accesibles para usuarios con discapacidades mediante la simulación de entornos e interacciones del mundo real. Sin embargo, garantizar la accesibilidad de estas experiencias puede requerir una cuidadosa consideración de factores como los requisitos de hardware, la movilidad física y las limitaciones sensoriales.
- **Compatibilidad de hardware y plataforma** : el diseño para diferentes sistemas y plataformas de hardware puede ser un desafío, con diferencias en las tecnologías de seguimiento, entrada y visualización. Esto puede requerir la consideración de múltiples enfoques de diseño al crear experiencias para varios dispositivos.

7.2.3 Diseño para entornos espaciales e inmersivos: un proceso

1. **Defina sus objetivos** : comience definiendo claramente sus objetivos para la experiencia espacial o inmersiva. ¿Qué quiere que el usuario logre o sienta durante la experiencia?
2. **Investigue y comprenda a sus usuarios** : obtenga información sobre sus usuarios objetivo, incluidas sus expectativas, preferencias y limitaciones, específicas de los entornos espaciales e inmersivos.
3. **Elija la tecnología adecuada** : evalúe el potencial y las limitaciones de las tecnologías VR, AR y MR para determinar cuál se alinea mejor con sus objetivos y necesidades del usuario.
4. **Boceto y Prototipo** : Desarrolle conceptos iniciales para la experiencia, teniendo en cuenta los desafíos y oportunidades únicos que plantea la tecnología elegida. Cree bocetos en papel o prototipos digitales para comunicar sus ideas.
5. **Desarrolle interfaces de usuario espaciales (SUI)** : diseñe interfaces de usuario espaciales intuitivas que se adapten a la tecnología elegida y los objetivos generales de la experiencia.

7.2.4 Principios para diseñar experiencias espaciales y de inmersión efectivas

Si bien el proceso de diseño puede diferir debido a la naturaleza única de los entornos espaciales e inmersivos, existen algunos principios generales de diseño que se pueden aplicar para garantizar un resultado exitoso.

- **Garantice la comodidad** : los entornos espaciales e inmersivos a veces pueden causar mareos, fatiga visual y sobrecarga cognitiva. Al diseñar, priorice siempre la comodidad del usuario y tenga en cuenta estos posibles problemas.
- **Aproveche las analogías del mundo real** : aprovechar el conocimiento y los comportamientos existentes puede ayudar a crear experiencias más intuitivas. Considere traducir las interacciones familiares del mundo real a su entorno espacial e inmersivo para fomentar una sensación de familiaridad y comodidad.
- **Cree una sensación de presencia** : las tecnologías espaciales e inmersivas pueden crear una poderosa sensación de presencia. Los diseñadores deben esforzarse por crear experiencias que hagan que los usuarios se sientan verdaderamente inmersos y presentes en el entorno.
- **Diseño para el contexto** : Considere cuidadosamente el contexto del entorno del usuario (por ejemplo, sentado, de pie, moviéndose) y diseñe interacciones que se sientan naturales e intuitivas dentro de ese contexto.
- **Enfatizar la agencia del usuario** : brinde a los usuarios una sensación de control e influencia sobre su entorno, permitiéndoles interactuar con el mundo de una manera natural e intuitiva.

7.2.5 Software y herramientas

Aproveche el software y las herramientas apropiados al diseñar para entornos espaciales e inmersivos. Algunos ejemplos incluyen:

- **Bocetos y prototipos** : la aplicación/editor como Tilt Brush (VR), Sketchbox (VR) o Figma (2D) permite dibujar y crear prototipos directamente en el entorno espacial.
- **Modelado 3D** : software como Blender, Maya o 3D Studio Max permite a los diseñadores crear objetos y entornos tridimensionales.
- **Plataformas de desarrollo** : las plataformas Unity, Unreal Engine o WebXR proporcionan los marcos para diseñar e implementar experiencias espaciales e inmersivas.

7.2.6 Conclusión

Diseñar para entornos espaciales e inmersivos es una oportunidad emocionante para los diseñadores de UX. A medida que la tecnología continúa evolucionando, el campo del diseño debe adaptarse y adoptar estas nuevas posibilidades. Al comprender los desafíos y oportunidades únicos que presentan estos entornos y aplicar un enfoque de diseño integral y reflexivo, podemos crear experiencias convincentes y atractivas que superen los límites del diseño UX moderno.

7.3 Interacción del usuario y navegación en AR y VR

La Realidad Aumentada (AR) y la Realidad Virtual (VR) son tecnologías emergentes que han comenzado a dar forma a la forma en que diseñamos e interactuamos con el contenido digital. AR permite superponer objetos digitales sobre el entorno del mundo real, mientras que VR proporciona una experiencia totalmente inmersiva en un entorno generado por computadora. Los desarrolladores y diseñadores trabajan constantemente para crear métodos mejores y más intuitivos para permitir que los usuarios interactúen con las aplicaciones AR y VR. Comprender estas interacciones permite a los diseñadores brindar una experiencia de usuario atractiva y sin inconvenientes, lo que garantiza la satisfacción del usuario y el éxito a largo plazo de estas aplicaciones. En esta sección, profundizaremos en los mecanismos de interacción y navegación del usuario en AR y VR, explorando varias técnicas y conceptos para ayudar a dominar el arte de diseñar para estas tecnologías emergentes.

7.3.1 Interacciones y navegación AR vs VR

Antes de sumergirse en las técnicas específicas de interacción y navegación, es esencial comprender algunas diferencias fundamentales entre la interacción con entornos AR y VR.

Las interacciones de RA suelen implicar la manipulación de contenido virtual insertado en el entorno del mundo real de un usuario. Los usuarios interactúan con estos objetos digitales de la misma manera que lo harían con los objetos físicos. En consecuencia, las interfaces AR a menudo se construyen utilizando metáforas familiares del mund real y requieren una instrucción mínima para que los usuarios las entiendan e interactúen con ellas de manera intuitiva.

Por el contrario, las experiencias de realidad virtual transportan a los usuarios a un entorno generado por computadora completamente nuevo. Pueden tener algunos elementos familiares, pero los usuarios a menudo necesitan aprender nuevas formas de interactuar con este mundo virtual. En consecuencia, las interfaces de realidad virtual requieren el diseño de mecanismos de interacción que puedan acomodar una amplia gama de habilidades y niveles de comodidad del usuario, asegurando que los usuarios puedan aprender y dominar rápidamente estas nuevas interacciones.

7.3.2 Técnicas de interacción con el usuario

Interacciones basadas en la mirada

La interacción basada en la mirada es un método fácil de usar común en las aplicaciones AR y VR para seleccionar o interactuar con contenido virtual. Los usuarios apuntan su mirada a un objeto en el entorno y la aplicación registra la interacción cuando la línea de visión del usuario se cruza con el objeto. La interacción basada en la mirada puede ser más intuitiva para los principiantes, pero es posible que no se sienta tan precisa como un dispositivo de entrada físico.

Gestos con las manos

Los gestos con las manos son una forma natural de interactuar con objetos virtuales en AR y VR. Los diseñadores pueden usar la tecnología de reconocimiento de gestos para identificar movimientos específicos de manos y dedos que los usuarios pueden realizar para controlar el entorno virtual. Por ejemplo, un usuario podría abrir un menú deslizando la mano o seleccionar un objeto juntando los dedos. Al diseñar gestos con las manos para una aplicación, es esencial tener en cuenta la comodidad y accesibilidad del usuario, asegurando que los gestos sean intuitivos, fáciles de aprender y realizar.

Controladores de movimiento

Los controladores de movimiento pueden proporcionar modos adicionales de interacción en entornos AR y VR. Estos dispositivos están equipados con sensores que rastrean el movimiento físico y la orientación, lo que permite a los usuarios interactuar con el contenido virtual de una manera más tangible. Los diseñadores pueden usar esta tecnología para crear interacciones que simulen acciones naturales o incluso desarrollar interacciones nuevas e innovadoras. Los ejemplos de interacciones con el controlador de movimiento incluyen hacer clic en los botones, agarrar, lanzar o deslizar el contenido.

Comandos de voz

Los comandos de voz permiten a los usuarios interactuar con aplicaciones AR y VR a través de la entrada de audio. Este tipo de interacción puede ser especialmente útil cuando las manos del usuario están ocupadas o cuando la aplicación requiere un nivel más avanzado de multitarea. Los comandos de voz se pueden usar para tareas simples como abrir menús o navegar entre pantallas o tareas más complejas como buscar dentro de una base de datos o controlar objetos virtuales.

7.3.3 Técnicas de navegación

Navegar a través de entornos digitales en AR y VR es crucial para una experiencia de usuario perfecta. Se han desarrollado varias técnicas para permitir que los usuarios naveguen por estos entornos de manera intuitiva.

Mundo en Miniatura

La técnica del mundo en miniatura consiste en crear un modelo a escala reducida o una versión en miniatura de todo el entorno virtual. El usuario puede manipular el minimundo para navegar por el entorno, por ejemplo, agarrando, girando, escalando o trasladando el modelo. Este término a menudo se asocia con entornos de realidad virtual, pero también puede aplicarse a experiencias de realidad aumentada.

Teletransportación

La teletransportación es una técnica común de navegación de realidad virtual que permite a los usuarios moverse instantáneamente de un lugar a otro al señalar un destino y activar un comando de teletransportación. Esta técnica puede ayudar a los usuarios a evitar el mareo asociado con el movimiento continuo y, a menudo, es la preferida por los principiantes.

Caminar y correr en el lugar

Para simular el movimiento natural en entornos AR y VR, los diseñadores pueden incorporar caminar y correr en el lugar como una técnica de navegación. Al rastrear los pasos físicos del usuario y traducirlos en movimiento virtual, esta técnica puede crear una experiencia más inmersiva.

Caminar redirigido

El caminar redirigido es una técnica avanzada utilizada en la realidad virtual, que aprovecha las manipulaciones sutiles del entorno virtual para mantener a los usuarios dentro de un espacio físico predeterminado mientras les da la ilusión de un movimiento ilimitado. Esta técnica requiere entornos ingeniosamente diseñados y una sólida comprensión de la percepción humana para evitar desorientar a los usuarios.

7.3.4 Diseño para Accesibilidad y Usabilidad

Crear experiencias AR y VR accesibles y utilizables es fundamental para su éxito. Los diseñadores deben considerar las diversas necesidades y preferencias de los usuarios, proporcionando múltiples modos de interacción u opciones de navegación para maximizar la comodidad y satisfacción del usuario. Además, los diseñadores deben incorporar una incorporación clara y concisa para enseñar a los usuarios nuevas mecánicas de interacción o técnicas de navegación, proporcionando comentarios y orientación inmediatos durante todo el proceso de aprendizaje.

En conclusión, diseñar interacciones de usuario atractivas e intuitivas y mecanismos de navegación en AR y VR es crucial para el crecimiento y el éxito de estas tecnologías emergentes. Al tener en cuenta los principios discutidos en esta sección y mantenerse informados sobre los últimos desarrollos y tendencias en el campo, los diseñadores pueden dominar el arte de crear experiencias notables de AR y VR que dejen un impacto duradero en los usuarios.

7.4 Superar los desafíos de UX en el diseño de AR y VR

A medida que evolucionan las tecnologías AR y VR, los diseñadores se enfrentan a nuevos desafíos que van más allá de crear experiencias para pantallas y dispositivos. Involucrar a los usuarios en entornos digitales inmersivos e interactivos requiere abordar problemas relacionados con el espacio físico, la entrada del usuario y el diseño experiencial. En esta sección, discutiremos los desafíos clave en el diseño de AR y VR y brindaremos consejos prácticos para superarlos.

Desafío 1: Diseño para diferentes dispositivos y plataformas

No existe una solución única para todos cuando se trata de diseñar para AR y VR. Los dispositivos utilizados para acceder a estas experiencias van desde sofisticados auriculares hasta teléfonos inteligentes, y cada uno tiene sus propias limitaciones y capacidades.

Superar los desafíos de los dispositivos

- **Investigue** los dispositivos y plataformas para los que está diseñando. Comprenda sus capacidades, limitaciones y la forma en que los usuarios interactúan con ellos.
- **Colabore** con desarrolladores que estén familiarizados con los dispositivos y plataformas desde el principio del proceso de diseño. Esto ayudará a garantizar que sus ideas sean técnicamente factibles y puedan ejecutarse sin problemas.
- **Pruebe** sus diseños en los dispositivos reales para experimentar de primera mano la forma en que los usuarios interactuarán con ellos y realice los ajustes de diseño necesarios.

Desafío 2: Integración del espacio físico en el diseño

A diferencia de las interfaces 2D, las experiencias AR y VR se desarrollan en un espacio tridimensional. Los usuarios pueden caminar, interactuar con el entorno y manipular objetos en estos mundos digitales. Los diseñadores ahora deben tener en cuenta el espacio físico en su trabajo.

Superar los desafíos espaciales

- Considere **el contexto** cuando diseñe experiencias AR. ¿Cómo se adaptará su diseño a varios entornos: interiores, exteriores, espacios pequeños o grandes? Asegúrese de proporcionar una cantidad adecuada de orientación y pistas para los usuarios según el contexto.
- Cree **diseños flexibles** que admitan varias distancias de interacción y ofrezcan alternativas para usuarios con movilidad física limitada.
- Use **convenciones del mundo real** cuando corresponda. Diseñe objetos e interacciones que se alineen con la forma en que los usuarios esperan que funcionen las cosas en la vida real.

Desafío 3: navegación y orientación

En AR y VR, navegar por el espacio puede no ser tan intuitivo como desplazarse o deslizar en un teléfono inteligente. Los diseñadores deben ayudar a los usuarios a comprender su entorno virtual y cómo explorarlo.

Superando los desafíos de navegación

- Implemente **señalización clara** mediante el uso de señales visuales como flechas o puntos de referencia. Esto ayuda a los usuarios a saber a dónde ir o qué hacer a continuación.

● Utilice **un lenguaje visual consistente** para ayudar a los usuarios a reconocer y predecir las interacciones disponibles.

● Experimente con técnicas **de divulgación progresiva** para revelar más información u opciones a medida que el usuario avanza a través de la experiencia.

Desafío 4: Garantizar la comodidad y reducir el mareo por movimiento

Las experiencias de realidad virtual mal diseñadas pueden causar molestias y mareos en los usuarios. Los diseñadores deben priorizar la comodidad del usuario sin dejar de ofrecer experiencias atractivas.

Superar los desafíos de la comodidad

● Tenga en cuenta **la velocidad de movimiento y la aceleración** en VR. Los movimientos rápidos y bruscos pueden causar molestias. Las aceleraciones y desaceleraciones graduales son generalmente más cómodas.

● Incorpore un **marco de referencia estático** , como una cabina u otra estructura, para proporcionar a los usuarios un ancla estable dentro del entorno. Esto puede ayudar a reducir el mareo por movimiento.

● Ofrezca **diferentes opciones de locomoción** para usuarios con diferentes niveles de comodidad o experiencia de realidad virtual. Esto podría incluir la teletransportación, caminar en el lugar u otros métodos de navegación.

Desafío 5: Diseño de interfaces de usuario intuitivas

Las interfaces AR y VR a menudo se basan en métodos de interacción novedosos, como el control de gestos o el comando de voz. Los diseñadores deben asegurarse de que estas interfaces sean fáciles de aprender y usar para los usuarios de manera efectiva.

Superar los desafíos de la interfaz

- Priorice **la capacidad de descubrimiento** haciendo que los puntos de interacción y las características del entorno sean claros y visibles.
- Emplear **prestaciones** que comuniquen posibles interacciones a los usuarios. Por ejemplo, los objetos que se pueden agarrar pueden tener manijas o estar diseñados de tal manera que inviten a los usuarios a interactuar.
- Ofrezca **comentarios claros** para ayudar a los usuarios a comprender los resultados de sus acciones. Se pueden usar señales visuales, auditivas o hápticas para señalar el éxito, los errores o proporcionar orientación.

En conclusión, el diseño de AR y VR presenta una amplia gama de desafíos, pero también ofrece oportunidades únicas para crear experiencias altamente atractivas e inmersivas. Al tener en cuenta estos consejos y mantenerse enfocados en el usuario, los diseñadores pueden superar estos desafíos y crear experiencias de AR y VR que sean tanto cautivadoras como utilizables.

7.5 El camino a seguir para las tecnologías inmersivas

A medida que continuamos explorando el dominio del diseño de UX, es esencial estar al tanto del futuro de las tecnologías inmersivas. En esta sección, profundizaremos en lo que les espera a estas cautivadoras herramientas y cómo seguirán dando forma a las experiencias de los usuarios en el futuro.

Las tecnologías inmersivas como la realidad virtual (VR), la realidad aumentada (AR) y la realidad mixta (MR) han recorrido un largo camino y ya no se limitan a los ámbitos de los juegos y el entretenimiento. Han encontrado aplicación en diversas industrias, como la atención médica, la educación, el turismo, la automoción, el comercio minorista y muchas más.

En esta sección, discutiremos:

- El estado actual de las tecnologías inmersivas
- El potencial de estas tecnologías en un futuro próximo
- Retos y oportunidades
- Próximas aplicaciones y avances
- Cómo los diseñadores de UX pueden prepararse y contribuir al futuro de las tecnologías inmersivas

El estado actual de las tecnologías inmersivas

Las tecnologías inmersivas han ganado una tracción significativa en los últimos años. Se espera que el mercado de VR y AR, según lo informado por International Data Corporation (IDC), crezca a una asombrosa tasa de crecimiento anual compuesto de más del 76 % entre 2019 y 2024. Este crecimiento está impulsado por mejoras en hardware y software, como así como una mayor adopción en todas las industrias.

Algunos desarrollos clave que han contribuido al auge de las tecnologías inmersivas incluyen:

● Hardware mejorado: los gigantes tecnológicos como Oculus, HTC y Sony han estado invirtiendo mucho en auriculares VR, lo que ha resultado en avances significativos en términos de rendimiento y precio.

● Popularidad del entretenimiento basado en la ubicación: las salas de juegos de realidad virtual y los parques temáticos se han vuelto cada vez más populares y ofrecen experiencias únicas e inmersivas que van más allá de lo que se puede lograr en casa.

● Avances en AR: el lanzamiento de plataformas AR como ARKit de Apple y ARCore de Google ha hecho que sea más fácil que nunca para los desarrolladores crear aplicaciones AR para teléfonos inteligentes, tabletas y dispositivos portátiles.

Futuro potencial de las tecnologías inmersivas

Si bien ya ha habido un progreso significativo en el desarrollo y la adopción de tecnologías inmersivas, todavía hay mucho más potencial para el crecimiento y la innovación. Algunas áreas prometedoras para esperar incluyen:

- **Experiencias cada vez más realistas** : Es probable que los avances futuros en los cascos de realidad virtual se centren en mejorar la calidad visual general de las experiencias que brindan, con tecnologías de visualización de la nueva era, como microLED y renderizado foveated. Además, la integración de tecnologías como la retroalimentación háptica, la biometría y el reconocimiento de voz ayudará a crear experiencias más realistas e interactivas para los usuarios, mejorando así la inmersión.
- **5G y edge computing** : la adopción generalizada de 5G y edge computing ayudará a desbloquear todo el potencial de las tecnologías inmersivas. Las velocidades de transferencia de datos más rápidas y la latencia reducida permitirán experiencias más complejas y atractivas, sin la necesidad de un hardware costoso. Estas tecnologías también harán posible que los usuarios accedan y creen contenido inmersivo en tiempo real sin depender de conexiones constantes a Internet.
- **WebXR** : la iniciativa WebXR tiene como objetivo traer experiencias de realidad aumentada y virtual a la web, permitiendo a los usuarios acceder a contenido inmersivo directamente a través de sus navegadores. A medida que WebXR gane impulso,

permitirá una integración perfecta de AR y VR en sitios web y aplicaciones, aumentando drásticamente el alcance de las tecnologías inmersivas.

Retos y oportunidades

A pesar del progreso realizado y el potencial de crecimiento de las tecnologías inmersivas, aún quedan muchos desafíos por abordar:

1. **Accesibilidad y facilidad de uso** : las tecnologías inmersivas, en particular la realidad virtual, aún no son tan accesibles como deberían serlo para una adopción generalizada. El alto costo, la necesidad de hardware dedicado y los procesos de configuración complicados pueden disuadir a los usuarios potenciales. Los diseñadores de UX deben centrarse en hacer que estas experiencias sean más accesibles para el usuario promedio, mientras que los desarrolladores y las empresas deben trabajar para hacer que el hardware sea más asequible y fácil de usar.
2. **Creación de contenido** : todavía hay una escasez de contenido convincente que pueda impulsar la adopción sostenida de tecnologías inmersivas. Los gobiernos, las organizaciones y los desarrolladores deben trabajar juntos para fomentar la innovación en la creación de contenido inmersivo en varias industrias.
3. **Consideraciones éticas** : a medida que la tecnología inmersiva se vuelve cada vez más frecuente, es necesario abordar cuestiones como la privacidad, la vigilancia y la adicción. Los diseñadores, desarrolladores y legisladores deben colaborar para garantizar que estas tecnologías se

desarrollen de manera responsable y se mitiguen los posibles problemas sociales y psicológicos.

Próximas aplicaciones y avances

Las tecnologías inmersivas continuarán remodelando las experiencias de los usuarios en una variedad de sectores:

- **Educación y formación** : la tecnología inmersiva tiene el potencial de revolucionar la educación y la formación profesional, haciendo que las conferencias y demostraciones sean más atractivas e interactivas. Por ejemplo, considere a los estudiantes de medicina que practican cirugías a través de VR, o a los mecánicos que aprenden nuevos procesos de ensamblaje a través de superposiciones AR.
- **Colaboración remota** : a medida que el trabajo remoto se vuelve más frecuente, las tecnologías inmersivas pueden desempeñar un papel importante para facilitar la colaboración remota, conectar a los miembros del equipo en salas de reuniones virtuales o ayudar a los empleados a vincularse a través de ejercicios de creación de equipos basados en VR.
- **Atención médica** : VR y AR pueden revolucionar la atención médica, desde brindar terapia para trastornos de salud mental y superar fobias hasta ayudar en la rehabilitación física y el control del dolor.

Preparándonos para el futuro de las tecnologías inmersivas

Como diseñador de UX, hay varias maneras de prepararse para el futuro de las tecnologías inmersivas:

1. Manténgase al día con los últimos desarrollos, como nuevo hardware, plataformas de software y tendencias de diseño.
2. Experimente con herramientas y plataformas inmersivas para comprender sus capacidades y limitaciones.
3. Adapte sus habilidades de diseño para centrarse en la creación de entornos 3D y la planificación de las interacciones de los usuarios en escenarios de realidad virtual y mixta.
4. Conéctese con profesionales en el campo, asista a conferencias y seminarios web, y participe en comunidades en línea para mantenerse actualizado sobre las mejores prácticas y estudios de casos.

Al mantenerse informado y ser flexible en este entorno dinámico, puede desempeñar un papel vital en la configuración del futuro del diseño de UX y, en última instancia, de las experiencias de usuario que ofrecen las tecnologías inmersivas.

Capítulo X: Diseñar para el futuro: dominar las tendencias e innovación de UX

A medida que crecemos, evolucionamos y continuamos innovando, el diseño de la experiencia del usuario (UX) sigue siendo un aspecto crucial de nuestras interacciones en línea y digitales. Desde nuevos dispositivos y aplicaciones hasta condiciones sociales y de mercado en constante cambio, debemos anticiparnos y dar forma a nuestras experiencias para allanar el camino para futuras tendencias en el diseño de UX. En este capítulo, exploraremos las posibles tendencias futuras y aprenderemos cómo convertirnos en un maestro de UX combinando creatividad, pensamiento crítico y espíritu innovador.

Sección I: Tendencias emergentes de UX

En el mundo de UX en rápida evolución, existen numerosas tendencias e innovaciones que están ganando terreno. Es crucial que los diseñadores de UX investiguen, comprendan y consideren estas tendencias al diseñar nuevos productos y experiencias. Algunas de estas tendencias emergentes incluyen:

1. **Interfaces de voz y conversacionales** : con el auge de los asistentes digitales como Alexa, Siri y Google Assistant, los usuarios se sienten más cómodos con las interacciones de voz. Los diseñadores de UX deben considerar cómo se puede integrar la voz en los diseños para crear experiencias de usuario más intuitivas y atractivas.
   o Consejos para diseñar interfaces de usuario de voz:
   ■ Cree un flujo de conversación natural y fácil de entender.
   ■ Asegúrese de que la interfaz de voz sea reconocible y de fácil acceso.
   ■ Proporcione comentarios claros y confirmación a los usuarios durante las interacciones.

■   Anticipe acentos variados y patrones de habla para que el diseño sea inclusivo.

2. **Inteligencia artificial y aprendizaje automático** : la personalización impulsada por IA, los chatbots y el análisis predictivo se han abierto camino en el diseño de UX. Están cambiando la naturaleza de las interacciones de los usuarios, conectando a los usuarios con experiencias mejoradas diseñadas solo para ellos.

○   Consejos para diseñar UX con IA:

■   Comprenda las necesidades de los usuarios e identifique las áreas en las que la IA puede mejorar la experiencia del usuario.

■   Trabaje en estrecha colaboración con los desarrolladores para incorporar algoritmos de aprendizaje automático sin problemas.

■   Mantenga el diseño centrado en el usuario: haga que la IA sea discreta y concéntrese en los beneficios para el usuario.

■   Tenga en cuenta las preocupaciones éticas al utilizar la IA en el diseño, como la privacidad y la equidad de los datos.

3. **Realidad aumentada y virtual** : las tecnologías AR y VR han abierto las puertas a experiencias inmersivas e interactivas que antes eran inimaginables en el diseño de UX. Brindan a los usuarios nuevas dimensiones de interacción y una inmersión sensorial completa en los mundos digitales.

○   Consejos para diseñar UX en AR y VR:

■   Comprender las posibilidades y limitaciones únicas de la tecnología inmersiva.

■   Cree entornos 3D que satisfagan las necesidades y expectativas de los usuarios.

■   Diseñe interacciones que aprovechen la conciencia espacial y los gestos naturales.

■ Equilibre la retroalimentación visual, auditiva y háptica para crear experiencias multisensoriales.

4. **Diseño Inclusivo y Accesible** : Hacer que los diseños sean accesibles para usuarios con diferentes capacidades y experiencias es fundamental. El diseño inclusivo garantiza que los productos y servicios sean útiles y agradables para todos, independientemente de su capacidad, edad o antecedentes.

○ Consejos para crear un diseño de UX inclusivo y accesible:

■ Investigue y comprenda la amplia gama de habilidades, preferencias y experiencias de los usuarios.

■ Aborde las preocupaciones de accesibilidad durante el proceso de diseño y utilice las pautas de accesibilidad.

■ Pruebe los diseños con diversos grupos de usuarios para garantizar que se considere una amplia gama de experiencias.

■ Desarrolle empatía y comprensión por los usuarios fomentando una cultura de inclusión dentro del equipo de diseño.

Sección II: Dominar el proceso de diseño de UX

Para mantenerse al día con el panorama UX en constante cambio y dominar el proceso de diseño, debe poseer y desarrollar sus habilidades en las siguientes áreas:

1. **Investigación** : comprenda las necesidades, los puntos débiles y las expectativas de los usuarios a

través de entrevistas, observaciones, encuestas y análisis de datos.

2. **Wireframing, creación de prototipos y pruebas** : Desarrolle e itere prototipos de baja y alta fidelidad y pruébelos con usuarios reales para recopilar comentarios y validar soluciones de diseño.

3. **Diseño visual** : desarrolle sólidas habilidades de diseño visual para crear interfaces de usuario estéticamente atractivas y funcionales.

4. **Arquitectura de la Información** : Organiza, estructura y etiqueta el contenido de forma intuitiva y accesible para los usuarios.

5. **Diseño de interacción** : comprenda cómo los usuarios interactúan con su producto y diseñe interfaces intuitivas y atractivas.

6. **Estrategia de contenido** : entregue contenido útil, atractivo y accesible adaptado a las necesidades y preferencias de sus usuarios.

7. **Pensamiento de diseño** : emplee principios de diseño centrados en el ser humano y participe en un proceso de empatía, definición, creación de ideas, creación de prototipos y pruebas para crear soluciones innovadoras.

8. **Colaboración interdisciplinaria** : Trabaje de manera efectiva y eficiente con equipos de diferentes conocimientos, como desarrolladores, gerentes de productos y especialistas en marketing.

9. **Aprendizaje continuo** : manténgase actualizado con las tendencias de diseño, las herramientas y las mejores prácticas para mantenerse relevante y adaptable en el panorama UX en constante cambio.

Sección III: Abrazar la innovación y la adaptabilidad en el diseño de UX

A medida que domine el proceso de diseño de UX y se mantenga actualizado con las tendencias emergentes, es crucial modificar estos conceptos con un espíritu de innovación y exploración creativa. Los mejores diseñadores de UX no son meros seguidores de tendencias, sino creadores que marcan el camino.

Para convertirse en un líder de pensamiento de UX y adoptar la innovación:

1. **Experimente con nuevas ideas** : Atrévase a desafiar las normas de diseño convencionales y experimente con nuevas soluciones. A veces, los avances más significativos ocurren cuando nos permitimos la libertad de explorar sin miedo al fracaso.
2. **Aprenda de otras disciplinas** : las innovaciones a menudo ocurren en la intersección de diferentes campos. Manténgase curioso, aprenda continuamente de otras disciplinas y busque formas de integrar nuevas ideas y metodologías en su práctica de diseño de UX.
3. **Adopte el cambio** : el diseño de UX es un campo en constante cambio: surgen continuamente nuevas tendencias, tecnologías y expectativas de los usuarios. Esté abierto a aprender, adaptar e iterar sus diseños, herramientas y procesos en respuesta a estos cambios.
4. **Cultive una mentalidad creativa** : participe en sesiones de lluvia de ideas y pensamiento divergente, y fomente una cultura de creatividad dentro de su equipo. Empuje los límites de lo que es posible en el diseño de UX y esté abierto a nuevas ideas y perspectivas.

Si se mantiene al día con las tendencias emergentes, domina el proceso de diseño de UX y fomenta un espíritu innovador, estará bien encaminado para establecerse como líder en la comunidad de diseño de UX. A medida que continúe en este viaje, recuerde participar en el aprendizaje continuo, mantenga la curiosidad y, lo que es más importante, mantenga a los usuarios en el centro de todo lo que hace en el diseño de UX.

Capítulo 8: Diseño inclusivo: creación de experiencias accesibles y equitativas

En el mundo actual, donde el panorama digital cambia y evoluciona constantemente, es crucial que los diseñadores y desarrolladores creen soluciones que satisfagan una amplia gama de necesidades, preferencias y habilidades. Este capítulo se centra en el diseño inclusivo, una práctica que busca hacer que los productos sean más accesibles y equitativos para todos los usuarios, independientemente de sus diferencias físicas, cognitivas o culturales.

En este capítulo, discutiremos la importancia del diseño inclusivo en el contexto del diseño UX, exploraremos las mejores prácticas y compartiremos ideas sobre las tendencias futuras del diseño inclusivo. Al final de este capítulo, tendrá una comprensión más profunda de cómo incorporar el diseño inclusivo en sus propios proyectos y crear experiencias que se adapten a todos.

8.1 La importancia del diseño inclusivo

El diseño inclusivo se enfoca en crear productos y servicios a los que la mayor cantidad de personas posible pueda acceder, comprender y utilizar fácilmente, sin necesidad de adaptación o diseño especializado. Este enfoque del diseño garantiza que las personas con diversas necesidades y capacidades no queden excluidas de disfrutar de los beneficios de la tecnología y los productos digitales.

Hay varias razones importantes para considerar el diseño inclusivo en sus proyectos:

1. **Creciente población mundial diversa** : con una población que envejece rápidamente y una diversidad cultural en aumento, existe una necesidad creciente de productos que satisfagan una amplia gama de necesidades y preferencias.
2. **Legislación y reglamentos** : muchos países cuentan con leyes y reglamentos para garantizar que los productos digitales sean accesibles para personas con discapacidades. El incumplimiento de estas normas puede dar lugar a sanciones legales y a una mala reputación de la marca.
3. **Mejores experiencias de usuario** : los principios de diseño inclusivo a menudo conducen a mejoras en la usabilidad, ya que alientan a los diseñadores a simplificar las interfaces, reducir la carga cognitiva y centrarse en las características esenciales de un producto.

4. **Innovación** : el proceso de diseño para diversas necesidades puede conducir a nuevas ideas y soluciones innovadoras que pueden beneficiar a todos los usuarios.

5. **Responsabilidad ética** : Los diseñadores tienen la obligación moral y ética de crear productos y servicios que sean accesibles para todos, no solo para la mayoría.

8.2 Mejores prácticas para el diseño inclusivo

Para crear experiencias de usuario accesibles y equitativas, los diseñadores deben considerar las siguientes prácticas recomendadas:

8.2.1 Abrazar la diversidad

Reconozca que no existe un enfoque de diseño "único para todos" y que los usuarios tienen diversas necesidades, preferencias y habilidades. Involúcrese y busque aportes de una amplia gama de usuarios durante el proceso de investigación y diseño para asegurarse de que sus soluciones sean adecuadas para la mayor cantidad de personas posible.

8.2.2 Considere la accesibilidad desde el principio

Incorpore consideraciones de accesibilidad en cada etapa del proceso de diseño, desde la investigación y el análisis del usuario hasta la creación de prototipos y las pruebas. Esto ayudará a identificar barreras potenciales al principio del proceso y desarrollar soluciones más accesibles.

8.2.3 Centrarse en la simplicidad

Diseñe interfaces que sean fáciles de entender, navegar y usar. Reduzca la carga cognitiva organizando la información de manera clara y lógica, utilizando patrones de diseño coherentes y proporcionando instrucciones y comentarios claros a los usuarios.

8.2.4 Usar múltiples modalidades

Proporcione información en múltiples formatos, como texto, imágenes y audio, para garantizar que los usuarios con diferentes preferencias y habilidades de comunicación puedan acceder y comprender el contenido.

8.2.5 Diseño para la flexibilidad

Cree productos y servicios que se puedan personalizar y adaptar para satisfacer las preferencias y necesidades individuales. Permita que los usuarios ajusten la configuración, como el tamaño del texto, el contraste de color y el volumen de audio, para personalizar su experiencia.

8.2.6 Prueba con diversos usuarios

Involucrar a los usuarios con diversas necesidades y habilidades en las pruebas de usabilidad y las actividades de evaluación para identificar posibles barreras y áreas de mejora.

8.3 Tendencias futuras en diseño inclusivo

A medida que la tecnología continúa evolucionando, se espera que el campo del diseño inclusivo crezca y se adapte para satisfacer las necesidades de una población mundial cada vez más diversa. Algunas tendencias emergentes en el campo del diseño inclusivo incluyen:

1. **Personalización impulsada por IA** : la integración de tecnologías de inteligencia artificial (IA), como el aprendizaje automático y el procesamiento del lenguaje natural, permitirá una mayor personalización de las experiencias digitales, adaptando automáticamente las interfaces y las funciones en función de las necesidades y preferencias individuales de los usuarios.
2. **Interfaces basadas en voz y gestos** : los avances en el reconocimiento de voz y las tecnologías de seguimiento de gestos permitirán formas de interacción más intuitivas y accesibles, especialmente para usuarios con movilidad o destreza limitadas.
3. **Diseño adaptativo y receptivo** : a medida que los productos digitales se vuelven más complejos y versátiles, las soluciones de diseño deberán ser adaptables y receptivas a una amplia gama de dispositivos, plataformas y contextos, asegurando

experiencias accesibles y sin inconvenientes para todos los usuarios.

4. **Realidad aumentada y mixta** : las tecnologías emergentes, como la realidad aumentada (AR) y la realidad mixta (MR), brindarán nuevas oportunidades para mejorar la accesibilidad y la inclusión al combinar el contenido digital con el entorno físico del usuario, lo que permite interacciones más intuitivas y envolventes.

5. **El auge de la accesibilidad digital** : a medida que las regulaciones y los estándares para la accesibilidad digital continúan evolucionando y se aplican, las organizaciones deberán invertir en prácticas de diseño y desarrollo centradas en la accesibilidad para garantizar el cumplimiento y brindar experiencias más inclusivas.

En conclusión, la incorporación de principios y prácticas de diseño inclusivo en su proceso de diseño de UX ayudará a crear experiencias más accesibles y equitativas que satisfagan las diversas necesidades de sus usuarios. Al aceptar la diversidad, centrarse en la simplicidad y mantenerse informado sobre las tendencias y tecnologías emergentes, puede contribuir a un panorama digital más inclusivo e impactar positivamente en las vidas de millones de personas en todo el mundo.

8.1 Los principios del diseño inclusivo

El diseño inclusivo es un enfoque para crear productos, servicios y entornos que puedan ser utilizados por tantas personas como sea posible sin necesidad de adaptación o diseño especializado. Considera la gama completa de capacidades humanas, centrándose en la accesibilidad y la usabilidad, independientemente de las discapacidades, los antecedentes culturales o la edad de los usuarios. En este capítulo, exploraremos los principios del diseño inclusivo que ayudarán a los diseñadores de UX a crear experiencias más accesibles, utilizables y agradables para todos los usuarios.

1. Reconocer la diversidad y la singularidad

Comprender las necesidades y preferencias únicas de cada usuario es vital para crear un diseño inclusivo. Las personas tienen diferentes habilidades, antecedentes, culturas y preferencias, lo que significa que no existe una solución única para todos. Los diseñadores de UX deben reconocer y celebrar estas diferencias mediante la creación de diseños adaptables y flexibles que se adapten a las diversas necesidades de los usuarios.

Estrategias:

- Realice una investigación exhaustiva de los usuarios para comprender las diversas necesidades, preferencias y limitaciones de su público objetivo.
- Involucrar a usuarios con diversos antecedentes y habilidades en el proceso de diseño. Busque aportes

y comentarios de un grupo diverso de usuarios a lo largo del proceso de desarrollo.
● Diseñe soluciones flexibles y personalizables que proporcionen múltiples formas para que los usuarios interactúen y experimenten el producto o servicio.

2. Centrarse en la usabilidad y la capacidad de aprendizaje

El diseño inclusivo debe priorizar la usabilidad y la capacidad de aprendizaje para todos los usuarios. Los productos y servicios deben ser fáciles de usar, comprender y aprender, independientemente del nivel de conocimientos o experiencia de los usuarios.

Estrategias:

● Aplique heurísticas y pautas de usabilidad establecidas para crear interfaces de usuario intuitivas.
● Utilizar un lenguaje claro y directo para comunicar la información.
● Proporcionar instrucciones y orientación adecuadas para ayudar a los usuarios a aprender a utilizar un producto o servicio.
● Pruebe la usabilidad y la capacidad de aprendizaje de sus diseños con un grupo diverso de usuarios para identificar áreas de mejora.

3. Proporcionar experiencias equitativas

El diseño inclusivo se esfuerza por brindar una experiencia equitativa y justa para todos los usuarios. Esto significa garantizar que todos los usuarios puedan acceder y beneficiarse de un producto o servicio, independientemente de sus circunstancias o capacidades personales.

Estrategias:

● Diseñe para la accesibilidad al adherirse a los estándares de accesibilidad, como las Pautas de accesibilidad al contenido web (WCAG).
● Cree múltiples formas de acceder e interactuar con un producto o servicio, asegurando que cada usuario pueda tener una experiencia agradable y eficiente.
● Evite barreras innecesarias, como procesos de registro complejos o tipografía difícil de leer, que pueden excluir a usuarios con ciertas discapacidades o limitaciones.

4. Sea flexible y adaptable

La flexibilidad y la adaptabilidad son componentes clave del diseño inclusivo. Un diseño flexible puede adaptarse a las diversas preferencias, capacidades y limitaciones de una base de usuarios diversa, al mismo tiempo que se adapta a diferentes dispositivos, tecnologías y contextos de uso.

Estrategias:

- Ofrezca configuraciones personalizables que permitan a los usuarios ajustar funciones e interacciones de acuerdo con sus preferencias o habilidades.
- Diseñe interfaces receptivas que se adapten a diferentes dispositivos y tamaños de pantalla.
- Asegúrese de que su diseño funcione con diferentes métodos de entrada, como pantallas táctiles, teclados o controles de voz.

5. Fomenta las conexiones emocionales

El diseño inclusivo también busca crear conexiones emocionales entre los usuarios y los productos, servicios o entornos con los que interactúan. Al considerar las necesidades emocionales de los usuarios y fomentar las emociones positivas, los diseñadores de UX pueden crear experiencias más valiosas, atractivas e inclusivas.

Estrategias:

- Identifique las necesidades emocionales de sus usuarios y trate de abordarlas a través del diseño.
- Utilice elementos de diseño visual y de interacción para crear experiencias positivas y significativas para los usuarios.
- Fomente la interacción social y la colaboración dentro de su diseño, ya que esto puede fomentar sentimientos de comunidad e inclusión.

6. Considere la sensibilidad cultural

La sensibilidad cultural juega un papel importante en el diseño inclusivo. Los diseñadores de UX deben reconocer y respetar la diversidad de culturas, creencias y valores de sus usuarios, y asegurarse de que sus diseños sean culturalmente apropiados.

Estrategias:

- Investigue y comprenda el contexto cultural de su público objetivo para crear diseños que sean sensibles a sus valores y prácticas.
- Colabore con expertos locales o invierta en capacitación intercultural para obtener información sobre los matices culturales de sus usuarios.
- Evita los estereotipos y los sesgos culturales en tu diseño al evitar las imágenes, el lenguaje o las interacciones ofensivas.

Al incorporar estos principios en su proceso de diseño, creará productos y servicios más inclusivos, accesibles y agradables para todos los usuarios. Adoptar el diseño inclusivo no solo lo ayuda a atender a una base de usuarios cada vez más diversa, sino que también lo impulsa a crear soluciones de diseño más innovadoras y reflexivas, lo que en última instancia beneficia tanto a sus usuarios como a su organización.

8.2 Diseño para accesibilidad y usuarios diversos

En esta era digital, la tecnología se ha convertido en una parte esencial de nuestra vida cotidiana, especialmente cuando el mundo cambió al trabajo remoto durante la pandemia, lo que amplificó aún más la necesidad de crear diseños aún más inclusivos y accesibles. Diseñar para la accesibilidad y la diversidad de usuarios no es una mera tendencia, sino una necesidad para las prácticas de diseño ético. Significa crear productos que sean utilizables y de fácil acceso para personas con diversos antecedentes, capacidades y discapacidades.

Diseñar para la accesibilidad va más allá de acomodar a usuarios con discapacidades; se trata de garantizar que su diseño sea inclusivo y considere las necesidades de las personas de diversos géneros, culturas, idiomas y otros orígenes. En esta sección, exploraremos la importancia de diseñar para la accesibilidad y discutiremos cómo podemos implementar en la práctica varias prácticas de diseño accesible.

Por qué es importante diseñar para la accesibilidad

La implementación de la accesibilidad en su proceso de diseño demuestra un compromiso con la creación de una web y productos digitales más inclusivos. Beneficios de accesibilidad:

1. **Usuarios diversos** : los diseños accesibles permiten a las personas con discapacidad utilizar los productos con mayor facilidad y sin barreras, lo que recompensa a una gama más amplia de usuarios.
2. **Valor comercial** : un diseño accesible puede aumentar la audiencia de una marca, lo que podría generar clientes más satisfechos y mayores ingresos.
3. **Obligación legal** : en algunos países, como EE. UU., el diseño web accesible es un requisito legal bajo ciertas condiciones, y las empresas pueden ser responsables de no cumplir con estas normas.
4. **Mejor experiencia de usuario** : los diseños accesibles suelen ser más sencillos y fáciles de entender, lo que lleva a una mejor usabilidad para todos.

Principios del diseño accesible

Las Pautas de accesibilidad al contenido web (WCAG) son un conjunto de recomendaciones para hacer que el contenido web sea más accesible. La directriz WCAG 2.1 gira en torno a cuatro principios clave: Perceptible, Operable, Comprensible y Robusto.

Perceptible

Asegúrese de que todos los usuarios puedan percibir el contenido en la pantalla. Esto incluye proporcionar texto alternativo para imágenes, subtítulos para videos y ayudar a los usuarios a navegar por el contenido con facilidad. Algunos consejos para crear contenido perceptible incluyen:

1. **Use texto alternativo para multimedia** : Proporcione descripciones de texto alternativas para describir el contenido de imágenes, videos y otros elementos que no son de texto.
2. **Elija la tipografía sabiamente** : seleccione fuentes legibles, use suficiente espacio entre letras y líneas y garantice una alta relación de contraste entre el texto y el fondo.
3. **Proporcione transcripciones de texto y subtítulos** : Proporcione transcripciones para contenido de audio y subtítulos para contenido de video para acomodar a los usuarios con discapacidades auditivas.

Operable

Los usuarios deberían poder navegar fácilmente por su diseño e interactuar con los componentes de la interfaz. Aquí hay algunas maneras de asegurarse de que su diseño sea operable:

1. **Accesibilidad del teclado** : asegúrese de que se pueda acceder y controlar todas las funciones e interacciones mediante un teclado, sin depender de un mouse.
2. **Navegación coherente** : utilice patrones de navegación y etiquetado coherentes en todo el sitio.
3. **Ofrezca múltiples formas de acceder al contenido** : proporcione varias formas de acceder al contenido, como funciones de búsqueda, mapas del sitio o menús.

Comprensible

Haga que su contenido e interfaz sean fáciles de entender y usar. Algunos consejos para crear contenido comprensible incluyen:

1. **Use un lenguaje claro** : escriba en un lenguaje sencillo y evite la jerga o las oraciones complejas.
2. **Elementos de interfaz de usuario coherentes** : use componentes y estilos de interfaz de usuario coherentes en todo el sitio.
3. **Prevención de errores y retroalimentación** : ayude a los usuarios a evitar errores y brinde mensajes claros cuando ocurran errores.

Robusto

Su diseño debe ser compatible con las tecnologías actuales y futuras, incluidas las tecnologías de asistencia, como los lectores de pantalla. Algunas formas de crear diseños robustos incluyen:

1. **HTML semántico** : use elementos HTML apropiados y valores de atributos para dar significado a su contenido.
2. **Diseño receptivo** : diseñe su sitio para que funcione bien en varios dispositivos y tamaños de pantalla.
3. **Compatibilidad entre navegadores** : pruebe y optimice su sitio para usarlo con diferentes navegadores, asegurándose de que funcione de manera predecible en cada uno.

Consejos prácticos para diseñar para usuarios diversos

1. **Comprenda a su audiencia** : realice una investigación exhaustiva de los usuarios para comprender los antecedentes y las preferencias de sus usuarios, así como los desafíos que pueden enfrentar al usar su producto.
2. **Representación inclusiva** : use imágenes, lenguaje y ejemplos diversos e inclusivos en su contenido.
3. **Considere las diferencias culturales** : tenga en cuenta las diferencias culturales para asegurarse de que su diseño tenga un atractivo global sin promover estereotipos.
4. **Prueba con usuarios reales** : Realiza pruebas de usabilidad con un grupo diverso de usuarios para descubrir barreras en tu diseño y mejorar iterativamente su accesibilidad.

Al diseñar para accesibilidad y usuarios diversos, creamos un panorama digital más inclusivo que beneficia no solo a las personas con discapacidades sino a todos los que interactúan con nuestros productos. Si sigue los principios y los consejos prácticos mencionados anteriormente y se mantiene actualizado con los estándares en evolución, estará bien preparado para crear diseños inclusivos y accesibles para una base de usuarios más amplia.

8.3 Diseño Universal e Interfaces Adaptativas

A medida que continuamos explorando el dominio del diseño UX, debemos tener en cuenta la creciente importancia del diseño inclusivo, particularmente en lo que respecta a los principios del Diseño Universal y la investigación y desarrollo de Interfaces Adaptativas. Esta sección profundizará en estos aspectos significativos, abordando su evolución mientras examina los componentes esenciales que sustentan su éxito en la creación de experiencias de usuario inmersivas y accesibles.

¿Qué es el Diseño Universal?

El diseño universal, también conocido como diseño inclusivo o diseño sin barreras, es un enfoque de diseño que tiene como objetivo crear productos, servicios y entornos que sean accesibles para las personas, independientemente de sus capacidades o discapacidades. Esta filosofía de diseño se basa en la idea de igualdad de oportunidades e inclusión social para todos, independientemente de su edad, tamaño, capacidad o discapacidad.

Los principios básicos del diseño universal se centran en la flexibilidad, la simplicidad, la intuición y la naturaleza perceptible de cualquier información, y cada aspecto del proceso de diseño tiene en cuenta las necesidades particulares de cada usuario potencial. En consecuencia, los desarrolladores y diseñadores deben tener en cuenta a los usuarios con diversas capacidades sensoriales, motoras y cognitivas en sus diseños, como aquellos con problemas de visión, problemas de audición o movilidad limitada.

Los siete principios del diseño universal

El concepto de Diseño Universal fue introducido por primera vez por Ron Mace, un arquitecto estadounidense, en 1985. El Centro para el Diseño Universal de la Universidad Estatal de Carolina del Norte definió los siete principios rectores en 1997. Estos principios forman la base para lograr el diseño inclusivo:

1. **Uso equitativo:** el diseño debe atender a personas con una amplia gama de habilidades y preferencias, asegurando que la experiencia del usuario se mantenga para todos, independientemente de las diferentes capacidades.
2. **Flexibilidad en el uso:** el diseño debe adaptarse a una diversidad de preferencias y habilidades del usuario, adaptando los niveles de rendimiento y los métodos para satisfacer los requisitos individuales.
3. **Uso simple e intuitivo:** la experiencia del usuario debe ser fácil de entender, independientemente de los conocimientos previos, las habilidades lingüísticas o la capacidad cognitiva del usuario.
4. **Información perceptible:** el diseño debe comunicar de manera efectiva la información integrada a los usuarios, independientemente de las condiciones ambientales o de las capacidades sensoriales del usuario.
5. **Tolerancia al error:** el diseño debe minimizar las consecuencias adversas de acciones accidentales o no intencionadas, minimizando el potencial de error mediante el uso de funciones y advertencias a prueba de fallas.

6. **Bajo esfuerzo físico:** el diseño debe ser fácil de usar y facilitar interacciones eficientes para usuarios con diferentes capacidades y limitaciones físicas.

7. **Tamaño y espacio para el enfoque y el uso:** el diseño debe proporcionar suficiente espacio para la interacción del usuario al tiempo que garantiza el tamaño adecuado de los elementos para facilitar el acceso, el uso y la manipulación.

La aplicación de estos principios de diseño universal permite a los diseñadores crear productos y servicios que sean fácilmente accesibles y agradables para una amplia gama de usuarios, contribuyendo aún más a un futuro digital inclusivo.

Interfaces adaptables

Con el panorama tecnológico en constante evolución y el creciente énfasis en el diseño centrado en el usuario, el concepto de interfaces adaptativas ha surgido como una herramienta poderosa para adaptarse a las diversas necesidades de los usuarios. Las interfaces adaptables son interfaces de usuario conscientes del contexto que ajustan y optimizan automáticamente su contenido y diseño para adaptarse mejor a las capacidades del usuario, las limitaciones del dispositivo y las condiciones ambientales. Al evolucionar dinámicamente, una interfaz adaptable puede proporcionar una experiencia de usuario personalizada, aumentando la facilidad de uso y la satisfacción general.

Componentes clave de las interfaces adaptables

Las interfaces adaptativas se basan en varios componentes fundamentales que contribuyen colectivamente a una experiencia de usuario mejorada:

1. **Perfil de usuario:** una comprensión integral de las habilidades, preferencias y requisitos del usuario es crucial para informar el diseño de una interfaz adaptable. Esto implica recopilar datos de usuario relevantes, como datos demográficos, habilidades y patrones de uso del dispositivo.
2. **Contexto del dispositivo:** el diseño debe tener en cuenta las limitaciones de hardware y software del dispositivo que se utiliza para la interacción, lo que permite una adaptación perfecta en las interfaces de escritorio, móvil y tableta.
3. **Entorno:** las condiciones ambientales en las que un usuario accede a la interfaz, como la iluminación, la temperatura, el ruido, etc., influyen en gran medida en la experiencia del usuario. Las interfaces adaptativas deben reconocer estas condiciones variables y adaptarse en consecuencia.
4. **Contexto de la tarea:** comprender los objetivos, las intenciones y las tareas del usuario es fundamental para crear interfaces adaptables eficaces. Este contexto permite que la interfaz se anticipe a los requisitos del usuario y ofrezca soluciones y soporte adecuados.
5. **Historial de interacciones:** las interacciones pasadas, los patrones de uso y las acciones de un individuo brindan información importante sobre sus preferencias, lo que facilita el diseño de una experiencia de usuario cada vez más personalizada.

Al dominar estos componentes esenciales, los diseñadores y desarrolladores pueden crear interfaces adaptables que satisfagan dinámicamente las diversas necesidades de los usuarios, convirtiéndose en un elemento vital del diseño universal y la inclusión en UX.

Conclusión

En nuestra búsqueda por dominar el diseño de UX, debemos comprender y apreciar la creciente importancia del diseño universal y las interfaces adaptables. Crear experiencias digitales que no solo sean atractivas sino también accesibles para personas de todas las capacidades es un aspecto indispensable de la UX moderna. Al adherirse a los principios del diseño universal y aprovechar el poder de las interfaces adaptables, los diseñadores pueden fomentar un panorama digital inclusivo, asegurando experiencias gratificantes para los usuarios de todos los orígenes y habilidades.

8.4 Superar las barreras a la inclusión en el diseño de UX

La inclusión y la accesibilidad son consideraciones vitales para el diseño de UX, lo que garantiza que un producto satisfaga las necesidades, preferencias y expectativas de la base de usuarios más amplia posible. Sin embargo, la creación de diseños inclusivos puede encontrar varias barreras o desafíos. Esta sección explora obstáculos comunes y ofrece estrategias y técnicas para superarlos.

8.4.1 Identificación y comprensión de las barreras comunes

Para superar las barreras a la inclusión en el diseño de UX, primero debemos identificarlas y comprenderlas. Algunas barreras comunes incluyen:

1. **Falta de conciencia:** Muchos diseñadores no son conscientes de las necesidades y requisitos específicos de los diversos grupos de usuarios o de los principios del diseño inclusivo.
2. **Pensar en estereotipos:** los diseñadores pueden hacer suposiciones sobre los usuarios basándose en estereotipos, lo que puede dar lugar a suposiciones falsas sobre las necesidades, los objetivos o las habilidades de los usuarios.
3. **Investigación de usuarios insuficiente:** descuidar la investigación de usuarios y las personas que representan a diversos usuarios puede conducir a decisiones de diseño desinformadas.
4. **Conocimiento de accesibilidad limitado:** los diseñadores que carecen de experiencia o capacitación en pautas de accesibilidad y mejores prácticas pueden tener dificultades para crear productos inclusivos.
5. **Inclusión versus estética:** algunos diseñadores priorizan la estética o las tendencias sobre la usabilidad y la accesibilidad, lo que da como resultado diseños que excluyen a ciertos grupos de usuarios.

6. **Falta de presupuesto o recursos:** en algunos casos, las restricciones presupuestarias o de recursos pueden impedir que los diseñadores, las organizaciones o los equipos prioricen o implementen diseños inclusivos.

8.4.2 Estrategias para superar las barreras a la inclusión

Para superar estas barreras y crear diseños más inclusivos, considere las siguientes estrategias:

8.4.2.1 Infórmese a sí mismo y a su equipo

Invierta en educarse a sí mismo y a los miembros de su equipo sobre los principios de diseño inclusivo, las pautas de accesibilidad y las necesidades y preferencias específicas de los diversos grupos de usuarios. Los siguientes recursos pueden ayudarlo a construir una base sólida:

- Las Pautas de accesibilidad al contenido web (WCAG) : pautas para diseñar contenido web que sea accesible para usuarios con discapacidades.
- Artículos, libros y cursos en línea sobre diseño inclusivo y accesibilidad (p. ej., la sección Accesibilidad de A List Apart , Patrones de diseño inclusivos de Heydon Pickering).
- Herramientas de accesibilidad, listas de verificación y marcos (p. ej., Herramienta de accesibilidad web WAVE , Accesibilidad para equipos

, Kit de herramientas de diseño inclusivo de Microsoft
).

8.4.2.2 Llevar a cabo una investigación exhaustiva de los usuarios

Realice una amplia investigación de usuarios para comprender las necesidades, expectativas y habilidades de su público objetivo. Asegúrese de incluir una amplia gama de usuarios en su investigación, teniendo en cuenta factores como la edad, el sexo, la capacidad, la cultura y el entorno socioeconómico.

Puede utilizar varios métodos de investigación, como entrevistas, encuestas, grupos focales o pruebas de usabilidad, para recopilar información sobre las preferencias, los objetivos y los puntos débiles del usuario. Además, involucre a los usuarios con discapacidades en su investigación y prueba para asegurarse de que sus diseños sean accesibles para ellos.

8.4.2.3 Desarrollar Personas Diversas

Cree personajes que representen una amplia gama de usuarios, incluidos aquellos con diferentes habilidades, antecedentes y necesidades. Diversas personas pueden ayudarlo a desafiar sus suposiciones e identificar los requisitos específicos de varios grupos de usuarios.

Al desarrollar personajes, considere factores como las habilidades cognitivas, físicas y sensoriales; capacidad técnica; preferencias culturales y de idioma; y antecedentes socioeconómicos. Esto lo ayudará a tomar decisiones más informadas durante el proceso de diseño y crear una experiencia de usuario más inclusiva.

8.4.2.4 Priorizar la usabilidad y la accesibilidad

Aunque la estética y las tendencias son importantes, priorice la facilidad de uso y la accesibilidad para asegurarse de que sus diseños atiendan a una amplia gama de usuarios. Esfuércese por lograr un equilibrio entre la estética, la funcionalidad y la accesibilidad para crear una experiencia de usuario que sea visualmente atractiva e inclusiva.

Siga las pautas de accesibilidad, como las WCAG, e incorpore las mejores prácticas, como encabezados claros, texto alternativo significativo, navegación por teclado y suficiente contraste de color, en sus diseños.

8.4.2.5 Buscar comentarios e iterar

Invite a los usuarios, incluidos aquellos con discapacidades, a participar en las pruebas de usabilidad y busque continuamente comentarios de una amplia gama de usuarios para refinar sus diseños. Revise su diseño con respecto a las pautas de accesibilidad y las mejores prácticas, y realice mejoras en función de los comentarios de los usuarios y los resultados de las pruebas.

Al iterar y mejorar continuamente sus diseños, puede asegurarse de que satisfagan las necesidades y preferencias de la audiencia más amplia posible.

8.4.3 Conclusión

La inclusión y la accesibilidad son aspectos esenciales del diseño de UX, y tomar las medidas necesarias para superar las barreras es crucial para crear un producto que resuene con una amplia base de usuarios. Al aumentar la conciencia, realizar una investigación exhaustiva de los usuarios, desarrollar diversas personas, priorizar la accesibilidad y buscar comentarios regulares, los diseñadores pueden crear experiencias inclusivas y accesibles para todos los usuarios, contribuyendo a productos más exitosos y utilizables.

8.5 El impacto social del diseño inclusivo

El diseño inclusivo es un enfoque para diseñar productos, servicios y entornos que tienen en cuenta la diversidad de necesidades, habilidades y preferencias humanas. Al diseñar para un amplio espectro de usuarios, el diseño inclusivo tiene como objetivo tener un impacto positivo en sus vidas y en la sociedad en general. El impacto social del diseño inclusivo se puede considerar en términos de varios aspectos interconectados, que incluyen accesibilidad, usabilidad, representación, equidad y construcción de comunidad.

8.5.1 Accesibilidad y Usabilidad

Un objetivo principal del diseño inclusivo es crear productos y experiencias que sean accesibles y utilizables por tantas personas como sea posible. Al abordar las necesidades de las personas con discapacidad, las personas mayores o aquellas que se enfrentan a impedimentos temporales o situacionales, el diseño inclusivo desempeña un papel esencial para eliminar las barreras a la participación y brindar igualdad de oportunidades.

El impacto social de la mejora de la accesibilidad y la usabilidad abarca:

* **Empoderamiento:** al permitir que las personas con diferentes capacidades accedan a la información, los recursos, los servicios y la tecnología, el diseño inclusivo fomenta la autonomía personal y reduce la dependencia de los demás.
* **Inclusión:** hacer que los productos, servicios y entornos sean más fáciles de usar aumenta la participación social y promueve un sentido de pertenencia.
* **Oportunidad económica:** Mejorar la accesibilidad puede proporcionar acceso a trabajos, educación y otras oportunidades que de otro modo estarían cerradas para aquellos que enfrentan barreras debido a sus discapacidades.

8.5.2 Representación y Equidad

El diseño inclusivo también se trata de garantizar que las diversas perspectivas y necesidades se consideren y reflejen en el proceso de diseño, promoviendo una sociedad más equitativa y justa. Esto incluye abordar el género, la raza, el origen étnico, el entorno socioeconómico y otras dimensiones de la diversidad.

El impacto social de una mayor representación y equidad incluye:

- **Equidad:** el diseño inclusivo ayuda a desafiar y contrarrestar los prejuicios y la discriminación sociales, lo que hace más probable que los productos y servicios satisfagan las necesidades de una gama más amplia de usuarios.
- **Cambio social:** al incorporar diversas voces y experiencias en las soluciones de diseño, el diseño inclusivo puede ayudar a promover una comprensión más amplia de los problemas sociales y culturales, lo que a su vez estimula el diálogo y fomenta el cambio social.
- **Diversidad e innovación:** la inclusión de diversas perspectivas en el proceso de diseño puede conducir a soluciones más innovadoras, ya que es más probable que los desarrolladores piensen más allá de las ideas y suposiciones convencionales.

8.5.3 Construcción de comunidad

Finalmente, el diseño inclusivo contribuye a la formación de comunidades genuinas y solidarias al fomentar la colaboración, la empatía y el respeto mutuo. Esto es particularmente importante en el mundo cada vez más interconectado y globalizado de hoy.

Algunos de los impactos sociales relacionados con la construcción de comunidad son:

- **Colaboración:** el diseño inclusivo alienta a diversos equipos a trabajar juntos, aportando diferentes habilidades, experiencias y perspectivas a la mesa, lo que resulta en mejores resultados para todos.
- **Empatía:** considerar las necesidades de varios usuarios fomenta la empatía y la comprensión entre personas de diferentes orígenes y habilidades.
- **Responsabilidad:** Practicar el diseño inclusivo ayuda a los diseñadores a ser más conscientes de su papel en la configuración de la sociedad e infunde un sentido de responsabilidad para crear entornos más equitativos e inclusivos.

En conclusión, el impacto social del diseño inclusivo es multifacético y va más allá de abordar requisitos de accesibilidad específicos. Al aceptar la diversidad, promover la equidad y fomentar la comunidad, el diseño inclusivo juega un papel vital en la configuración de una sociedad más justa e inclusiva. Además, los beneficios a largo plazo del diseño inclusivo no se limitan a grupos de usuarios específicos, sino que repercuten en la sociedad en su conjunto, contribuyendo a la cohesión social y a una comprensión más empática del mundo en el que vivimos.

Capítulo 9: Consideraciones éticas en el diseño de UX: equilibrio entre tecnología y humanidad

Como diseñadores de UX, nuestro objetivo principal es crear experiencias de usuario que sean atractivas, intuitivas y satisfactorias para los usuarios finales. Nuestro objetivo es mejorar sus interacciones con diversos productos, servicios y sistemas. Sin embargo, junto con esta responsabilidad viene la importancia de tener un marco ético que guíe la forma en que diseñamos y construimos soluciones. En este capítulo, exploraremos las consideraciones éticas que los diseñadores de UX deben tener en cuenta al trabajar en proyectos, algunas consecuencias potenciales de descuidar estas consideraciones y cómo lograr el equilibrio adecuado entre la tecnología y la humanidad.

9.1 La importancia del diseño ético de UX

La ética, en esencia, se ocupa de los principios que guían el comportamiento, las elecciones y las acciones humanas. En el contexto del diseño de UX, requiere que los diseñadores consideren el impacto que su trabajo puede tener en el bienestar de los usuarios y la sociedad en su conjunto. Atrás quedaron los días en que el diseño de UX podría considerarse solo como estética o facilidad de uso; Hoy en día, la experiencia del usuario debe abordar preocupaciones como la privacidad de los datos, la adicción a la tecnología, la accesibilidad y la sostenibilidad.

A medida que la tecnología continúa evolucionando a un ritmo cada vez más rápido, es más importante que nunca que los diseñadores sean conscientes de los posibles efectos dominó que sus diseños pueden tener más allá de la experiencia inmediata del usuario. Necesitamos asegurarnos de que las soluciones que diseñamos no solo sean buenas para los negocios, sino también para las personas que las usarán y el mundo en el que todos vivimos.

9.2 El marco del diseñador ético de UX

Para tomar decisiones éticas en el diseño de UX, puede ser útil adoptar un marco ético que pueda guiar su pensamiento durante el proceso de diseño. Algunos elementos de un marco UX ético sólido podrían incluir:

1. **Empatía** : comprender y apreciar las emociones, necesidades y deseos de los usuarios. Sé un buen oyente y desarrolla la habilidad de ponerte en su lugar al diseñar soluciones.
2. **Transparencia** : Sea abierto y honesto acerca de las intenciones y consecuencias de sus decisiones de diseño. Sea sincero acerca de cómo se recopilan, utilizan y protegen los datos de los usuarios.
3. **Inclusividad** : soluciones de diseño que atienden a personas de diferentes orígenes, habilidades y preferencias. Esfuércese por la accesibilidad y el diseño para todos, no solo para un usuario ideal.

4. **Sostenibilidad** : Considere el impacto ambiental de su diseño y tome decisiones conscientes que promuevan la eficiencia de los recursos y reduzcan los desechos.

5. **Sensibilidad Cultural** : Respeta las diferencias culturales y preferencias de tus usuarios diseñando experiencias que no discriminen ni alienen a ningún grupo.

6. **Privacidad** : Proteja la información personal de los usuarios y asegúrese de que sus datos se utilicen de forma adecuada y segura.

9.3 Desafíos éticos en el diseño de UX

Existen numerosos desafíos y consideraciones éticos que los diseñadores de UX pueden enfrentar al trabajar en proyectos. Algunos problemas potenciales a tener en cuenta incluyen:

1. **Patrones oscuros** : estas son técnicas de diseño que manipulan intencionalmente el comportamiento del usuario, a menudo en beneficio de la empresa en lugar del usuario. Los ejemplos incluyen imágenes engañosas, costos ocultos o dificultar la exclusión voluntaria de funciones.

2. **La economía de la atención** : en un mundo donde la atención de los usuarios es un bien escaso, muchos productos digitales están diseñados para ser tan atractivos y adictivos como sea posible, a menudo a expensas del bienestar o la productividad de los usuarios. Esto puede generar problemas como la adicción a la pantalla o la sobrecarga de información.

3. **Prejuicio y discriminación** : los prejuicios de las personas a menudo surgen de manera inconsciente y

los diseñadores no son inmunes a esto. Sin querer, podríamos crear productos que refuercen los estereotipos sociales o la discriminación, lo que daría como resultado un trato injusto o la exclusión de ciertos grupos.

4. **Privacidad y vigilancia** : en una era de recopilación de datos generalizada, los usuarios tienen una preocupación cada vez mayor sobre cómo se usa y comparte su información personal. Los diseñadores deben incorporar protecciones de privacidad y mantener la confianza de los usuarios siendo transparentes sobre el uso de datos y respetando los derechos de privacidad de los usuarios.

9.4 Equilibrio entre tecnología y humanidad

Para superar estos desafíos éticos y crear una experiencia de usuario más equilibrada, los diseñadores de UX deben:

1. **Concéntrese en el valor a largo plazo** : en lugar de buscar ganancias o atención a corto plazo, concéntrese en el valor a largo plazo que su diseño puede brindar a los usuarios, las empresas y la sociedad en general.

2. **Priorizar el bienestar** : esforzarse por crear soluciones que se integren en la vida de las personas de una manera sana, respetuosa y humana, enfocándose en su bienestar en lugar de simplemente absorber su atención.

3. **Involucre a los usuarios en el proceso de diseño** : Escuche las preocupaciones de los usuarios

e incorpore sus comentarios en el diseño para crear experiencias más éticas y centradas en el usuario.

4. **Manténgase informado sobre cuestiones éticas** : manténgase actualizado sobre las tendencias y los debates actuales en el diseño ético, asista a conferencias o seminarios relevantes y participe en debates con sus compañeros para agudizar su pensamiento ético.

5. **Desarrolle coraje moral** : Esté preparado para tomar una posición a favor de las decisiones éticas, incluso cuando pueda ser impopular o más desafiante. A veces, requiere que los diseñadores desafíen a las partes interesadas y defiendan los principios éticos contra las presiones por ganancias o conveniencia.

9.5 Conclusión

La ética debe ser una consideración crucial en cualquier proceso de diseño de UX, especialmente a medida que la tecnología se vuelve cada vez más compleja y se entrelaza con la vida de las personas. Al tener en cuenta los principios éticos y adoptar un enfoque reflexivo y equilibrado del diseño, podemos crear experiencias de usuario que no solo deleiten y atraigan, sino que también promuevan el bienestar de los usuarios y de la sociedad en su conjunto.

9.1 La ética de la recopilación de datos y la privacidad

En la era de Big Data y la tecnología que avanza rápidamente, los diseñadores de experiencia de usuario (UX) enfrentan una gran cantidad de preguntas y responsabilidades éticas relacionadas con la recopilación de datos y la privacidad. A medida que los diseñadores dan forma a la experiencia y las interacciones dentro de los productos digitales, tienen una influencia significativa en cómo se recopilan, almacenan y utilizan los datos. Esta sección profundiza en las consideraciones éticas de la recopilación de datos y la privacidad, y ofrece pautas y principios para ayudar a los diseñadores de UX a navegar estos problemas complejos.

La creciente importancia de la ética de datos en el diseño de UX

Los datos de los usuarios son increíblemente valiosos para las empresas y organizaciones, ya que ayudan a informar y mejorar los productos y servicios, guiar las estrategias de marketing e impulsar la toma de decisiones en general. Sin embargo, a medida que el mundo se vuelve cada vez más consciente de las violaciones de datos, la invasión de la privacidad y el uso indebido de la información personal, las preocupaciones éticas en torno a la recopilación de datos y la privacidad han aumentado significativamente.

Como diseñadores de UX, es crucial incorporar consideraciones éticas y privacidad de datos en cada etapa del proceso de diseño, logrando un equilibrio entre las necesidades del usuario, los objetivos comerciales y el uso responsable de los datos.

Reconocer el poder de los datos y priorizar la privacidad no solo reducirá el riesgo de daños no deseados, sino que también puede mejorar la confianza en los productos y servicios.

Consideraciones éticas clave en la recopilación de datos y la privacidad

1. Transparencia y consentimiento

Los usuarios deben comprender y aceptar explícitamente los datos que se recopilan sobre ellos, cómo se utilizarán y con quién se compartirán. Los diseñadores de UX pueden fomentar la transparencia y el consentimiento al:

- Proporcionar políticas de privacidad y formularios de consentimiento claros y concisos.
- Utilizar un lenguaje fácil de entender para describir las prácticas de datos.
- Ofreciendo opciones de aceptación y exclusión para la recopilación y el intercambio de datos.
- Informar a los usuarios de cualquier cambio en las políticas o prácticas de datos.
- Diseñar interfaces de usuario que permitan a los usuarios administrar fácilmente su configuración de privacidad.

2. Minimización de datos

Solo recopile los datos que sean necesarios para cumplir con el propósito previsto y evite almacenarlos por más tiempo del necesario. Los diseñadores de UX pueden respaldar la minimización de datos al:

- Identificar y documentar el propósito específico de cada punto de recolección de datos.
- Revisar y evaluar periódicamente las prácticas de recopilación de datos para garantizar que sigan siendo pertinentes y necesarias.
- Ofreciendo herramientas fáciles de usar para que los usuarios administren sus datos y eliminen sus cuentas si lo desean.

3. Seguridad y protección

Asegúrese de que los datos del usuario se almacenen y transmitan de forma segura para evitar el acceso no autorizado, el uso indebido o la pérdida. Los diseñadores de UX pueden ayudar a proteger los datos de los usuarios al:

- Colaborar con desarrolladores y profesionales de la seguridad para implementar las mejores prácticas, como el cifrado y los controles de acceso.
- Fomentar políticas de contraseñas sólidas y ofrecer opciones de autenticación de múltiples factores.
- Diseñar alertas y mensajes de error claros e informativos relacionados con posibles riesgos de seguridad.

4. Equidad y no discriminación

Evite el uso de datos de formas que puedan perpetuar o promover estereotipos, sesgos o discriminación. Los diseñadores de UX pueden contribuir a la equidad y la no discriminación al:

- Buscar activamente diversas opiniones de los usuarios durante la investigación, las pruebas de usabilidad y los procesos de retroalimentación.
- Considerar los impactos potenciales de las decisiones de diseño en diferentes grupos de usuarios y hacer los ajustes correspondientes.
- Abogar por el uso responsable y equitativo de los datos dentro de las organizaciones y los equipos.

5. Rendición de cuentas y gobernanza

Asegúrese de que las organizaciones y los equipos sean responsables de sus prácticas de datos y cuenten con sistemas para administrar, monitorear y abordar los problemas relacionados con los datos. Los diseñadores de UX pueden promover la responsabilidad y la gobernanza al:

- Establecer procesos de administración y gobierno de datos dentro de sus organizaciones.
- Participar en conversaciones e iniciativas de toda la industria centradas en la ética y la privacidad de los datos.
- Abogar por prácticas de datos éticas y responsables como componentes integrales de una buena UX.

Pensamientos finales

La ética de la recopilación de datos y la privacidad son amplias y matizadas, con innumerables factores a considerar en el proceso de diseño. A medida que la conciencia y la preocupación por estos problemas continúan creciendo, los diseñadores de UX tienen la responsabilidad de actuar como campeones de las prácticas éticas de datos. Al integrar consideraciones éticas en cada etapa del proceso de diseño, los diseñadores pueden contribuir a un futuro donde la tecnología sea más transparente, responsable y respetuosa de la privacidad individual.

9.2 Diseño para el bienestar y la salud mental del usuario

En la era de la tecnología ubicua, el diseño para el bienestar y la salud mental del usuario se ha convertido en un tema central de las conversaciones sobre el diseño de UX. Los productos y servicios digitales tienen el poder de dar forma no solo a la forma en que interactuamos con el mundo, sino también a nuestro estado mental interno. Como diseñadores de UX, no es suficiente centrarse únicamente en la usabilidad y la funcionalidad. También debemos priorizar el bienestar y la salud mental del usuario en el proceso de diseño. En esta sección, exploraremos los principios clave y las pautas para crear experiencias de diseño centradas en el ser humano que contribuyan al bienestar general de los usuarios.

¿Por qué es importante diseñar para el bienestar?

Las investigaciones muestran que la exposición diaria a las tecnologías digitales, en particular las integradas en las plataformas de redes sociales, puede tener efectos perjudiciales en la salud mental, incluido un mayor riesgo de ansiedad, depresión y sentimientos de soledad. Como diseñadores de UX, es nuestra responsabilidad crear experiencias que promuevan interacciones positivas y, como resultado directo, contribuyan a la felicidad y el bienestar de los usuarios.

Cuando priorizamos el diseño para el bienestar, podemos crear productos y servicios que:

- Son respetuosos con el tiempo y la energía de los usuarios.
- Mejorar los estados emocionales y mentales.
- Fomentar relaciones y conexiones positivas.
- Permitir a los usuarios alcanzar objetivos significativos y la superación personal.
- Promover un equilibrio más saludable entre las actividades en línea y fuera de línea

Para crear experiencias que aborden con éxito estos aspectos, es esencial integrar consideraciones de bienestar en todo el proceso de diseño.

Principios y lineamientos para diseñar para el bienestar

Diseñar teniendo en cuenta el bienestar del usuario implica cambiar la perspectiva del diseño de UX de satisfacer únicamente las necesidades funcionales a fomentar un sentido de propósito, conexión y significado. A continuación se presentan algunos de los principios rectores y pautas prácticas para incorporar el bienestar del usuario en el diseño de UX:

1. **Empatía y comprensión** : Comience buscando comprender profundamente las emociones, motivaciones y puntos débiles de los usuarios. Use diferentes métodos de investigación, como entrevistas, encuestas y pruebas de usuarios para obtener información sobre el bienestar y el estado mental de los usuarios. Trate de comprender las causas y los efectos de las emociones que experimentan al interactuar con la tecnología.
2. **Promueva interacciones positivas** : anime a los usuarios a participar en actividades positivas y gratificantes que mejoren su bienestar. Diseñe características que faciliten una comunicación significativa, fomenten comunidades de apoyo y brinden oportunidades para el crecimiento personal y la superación personal.
3. **Respetar la Atención y el Tiempo** : Diseñe interfaces que minimicen la carga cognitiva y respeten el tiempo y la atención de los usuarios. Trate de proporcionar un equilibrio entre la entrega de información relevante y las tareas que requieren atención. Evite bombardear a los usuarios con notificaciones disruptivas y ofrézcales opciones para controlar la frecuencia y el tipo de alertas.
4. **Transparencia y control** : Permita que los usuarios tengan control sobre sus interacciones digitales y configuraciones de privacidad. Facilite que entiendan cómo se utilizan o comparten sus datos personales con otros. Capacítelos para que tomen decisiones informadas brindándoles información clara, precisa y de fácil acceso.

5. **Fomente el tiempo fuera de la pantalla** : ayude a los usuarios a encontrar un equilibrio entre sus vidas digitales y no digitales. Diseñe características que alienten a los usuarios a tomar descansos, desconectarse de las pantallas y participar en actividades fuera de línea, como pasar tiempo con sus seres queridos, buscar pasatiempos o disfrutar del aire libre.

6. **Diseño Inclusivo** : Considere las diversas necesidades y estados mentales de los usuarios. Diseñe experiencias a las que puedan acceder, comprender y utilizar fácilmente personas de diversas capacidades y antecedentes culturales.

La implementación de estas pautas podría implicar el uso de teorías psicológicas como la jerarquía de necesidades de Maslow, la teoría de la autodeterminación y la investigación de la psicología positiva, para apoyar el bienestar y la satisfacción del usuario.

Ejemplos de diseño para el bienestar y la salud mental del usuario

Estos son algunos ejemplos de cómo los productos digitales han abordado el bienestar en su diseño:

- **Función "Todos están atrapados" de Instagram** : esta notificación informa a los usuarios cuando han visto todas las publicaciones nuevas de los últimos dos días, alentándolos a desconectarse del desplazamiento interminable y dedicar tiempo a otra cosa.

- **Gestión del tiempo frente a la pantalla de Apple** : iOS y macOS de Apple brindan funciones para ayudar a los usuarios a controlar y administrar su tiempo frente a la pantalla, establecer límites en el uso de aplicaciones y establecer una rutina digital para la hora de acostarse.
- **Headspace** : esta aplicación de atención plena se enfoca en ayudar a los usuarios a desarrollar una práctica de meditación diaria, promoviendo la relajación y el bienestar a través de contenido cuidadosamente diseñado y experiencias de usuario.
- **Duolingo** : esta aplicación de aprendizaje de idiomas alienta a los usuarios a participar en sesiones cortas de práctica diaria para aprender un nuevo idioma de manera efectiva, fomentando una sensación de crecimiento y logro personal.

Preparándose para el futuro: diseño ético y experiencia de usuario personalizada

A medida que la tecnología continúa evolucionando, reconocer y priorizar la importancia de diseñar para el bienestar y la salud mental del usuario solo crecerá en importancia. Los diseñadores deben adoptar un enfoque ético para su trabajo, considerando no solo el impacto inmediato sino también las implicaciones a largo plazo de las experiencias digitales que crean.

En el futuro, el diseño de UX puede volverse cada vez más personalizado, adaptando las experiencias a los usuarios individuales en función de sus estados emocionales y mentales únicos. Los avances en inteligencia artificial y aprendizaje automático pueden permitir que los productos digitales reconozcan y se adapten al estado emocional de un usuario, fomentando experiencias más empáticas y comprensivas que prioricen el bienestar.

En conclusión, diseñar para el bienestar y la salud mental del usuario requiere un cambio de perspectiva y enfoque para el diseño de UX. Al integrar consideraciones de bienestar a lo largo del proceso de diseño, podemos crear experiencias digitales significativas y enriquecedoras que contribuyan a la felicidad y satisfacción general de los usuarios. Con empatía, comprensión y consideraciones éticas, podemos allanar el camino para un futuro en el que la tecnología apoye, en lugar de obstaculizar, la búsqueda de los usuarios de llevar una vida sana y equilibrada.

9.3 El papel de los diseñadores de UX en la toma de decisiones éticas

En el mundo actual altamente conectado y acelerado, los diseñadores de experiencia de usuario (UX) desempeñan un papel vital para garantizar que la tecnología se diseñe e implemente de una manera que sea fácil de usar, eficiente y éticamente responsable. La tecnología está evolucionando a un ritmo tan rápido que es más importante que nunca considerar la ética en el diseño de UX. Los diseñadores de UX tienen el poder de influir en el bienestar emocional, psicológico y físico de los usuarios finales de productos y servicios a través de sus decisiones de diseño. En este capítulo, exploraremos el papel de los diseñadores de UX en la toma de decisiones éticas, por qué es crucial integrar consideraciones éticas en el diseño de UX y cómo los diseñadores de UX pueden navegar dilemas éticos y tomar decisiones informadas que beneficien tanto a los usuarios como a la empresa.

9.3.1 La importancia de la ética en el diseño de UX

El campo del diseño de UX ha recorrido un largo camino desde sus inicios, pero una constante que permanece es la necesidad de una toma de decisiones ética. La ética juega un papel vital en el diseño de UX porque ayuda a garantizar que la tecnología sirva positivamente a sus usuarios previstos, mejore sus vidas y respete sus derechos y autonomía. Cada vez es más evidente que la tecnología puede ser tanto beneficiosa como perjudicial, dependiendo de las decisiones éticas que tomen sus diseñadores e implementadores. Algunas posibles consecuencias de las decisiones de diseño poco éticas pueden incluir:

• Prácticas comerciales de explotación: esto puede ocurrir cuando la tecnología está diseñada intencionalmente para manipular o engañar a los usuarios para que se desprendan de su dinero o información personal.
• Invasión de la privacidad: la tecnología que recopila más información sobre los usuarios de la

necesaria o la usa de manera poco ética puede conducir a una violación de la privacidad.

● Daño mental y físico: un diseño de UX deficiente puede causar involuntariamente consecuencias emocionales o físicas negativas para los usuarios, como adicción, ansiedad o fatiga visual.

Al considerar la ética en el diseño de UX, los diseñadores pueden trabajar para mitigar los posibles resultados negativos y crear productos centrados en el usuario que satisfagan mejor las necesidades y el bienestar de los usuarios.

9.3.2 Responsabilidades éticas de los diseñadores de UX

Los diseñadores de UX tienen múltiples responsabilidades éticas al tomar decisiones de diseño. Algunos de ellos incluyen:

1. Defensa del usuario: los diseñadores de UX tienen la responsabilidad de defender las necesidades de los usuarios y proteger sus intereses durante todo el proceso de diseño. Esto significa no solo comprender las necesidades y preferencias de los usuarios, sino también tener en cuenta las posibles consecuencias negativas de las decisiones de diseño en sus vidas.
2. Honestidad y transparencia: los diseñadores de UX deben aspirar a ser honestos en su comunicación con los usuarios y clientes y transparentes sobre los motivos y las posibles consecuencias de sus decisiones de diseño.
3. Privacidad y seguridad de los datos: los diseñadores de UX deben asegurarse de que la

información personal de los usuarios se recopile, almacene y use de manera responsable y segura dentro de los productos y servicios que están diseñando.

4. Inclusividad y accesibilidad: los diseñadores de UX tienen la responsabilidad de crear diseños que sean accesibles y utilizables por personas de todas las capacidades y orígenes.

5. Aprendizaje continuo: los diseñadores de UX deben comprometerse a mantenerse informados sobre los problemas éticos en su campo y estar al tanto de cualquier nueva tendencia o desarrollo.

9.3.3 Navegando por dilemas éticos en el diseño de UX

A pesar de las mejores intenciones de un diseñador de UX, es inevitable que se encuentre con dilemas éticos a lo largo de su carrera. Aquí hay algunos consejos para navegar estas situaciones:

1. Reflexiona sobre tus propios valores: considera tus valores personales y cómo se alinean con las decisiones de diseño de UX que tomas. Determine qué valores son más importantes para usted y asegúrese de que sus decisiones de diseño se alineen con ellos.

2. Busque orientación externa: comuníquese con colegas o mentores en su campo, consulte marcos éticos o busque asesoramiento de organizaciones externas que se especialicen en la toma de decisiones éticas.

3. Evalúe las consecuencias: considere las consecuencias a corto y largo plazo de sus

decisiones de diseño en los usuarios y otras partes interesadas. Sopese los pros y los contras y tenga en cuenta cualquier daño potencial que pueda surgir de sus decisiones.

4. Colabore con otros: incluya a otros miembros del equipo, como desarrolladores, gerentes de productos y científicos de datos, en su toma de decisiones éticas. Sus perspectivas pueden ofrecer información valiosa y ayudar a garantizar que se consideren todos los aspectos del problema.

5. Documente sus decisiones: al crear un registro de su proceso ético de toma de decisiones, no solo ayuda a garantizar la transparencia, sino que también facilita el aprendizaje dentro de su organización.

9.3.4 Enfoques prácticos para integrar la ética en el diseño de UX

Aquí hay algunas estrategias prácticas que los diseñadores de UX pueden usar al integrar consideraciones éticas en su proceso de diseño:

1. Realice una auditoría ética: evalúe las prácticas actuales y las decisiones de diseño en su organización o proyecto en busca de posibles problemas éticos. Identificar áreas de mejora y planificar estrategias para abordarlas.

2. Implemente marcos y pautas éticos: utilice marcos éticos establecidos, como el Manifiesto de diseño ético del Center for Humane Technology o el Código de ética de ACM, para guiar las decisiones de diseño y ayudar a navegar dilemas éticos complejos.

3. Desarrolle empatía: Fortalezca sus habilidades empáticas, lo que le permitirá comprender y apreciar

mejor las necesidades e inquietudes de los usuarios, colegas y otras partes interesadas.

4. Capacitación ética: manténgase informado sobre cuestiones éticas en el diseño de UX participando en cursos, talleres o conferencias centrados en la ética en la industria tecnológica.

5. Establezca canales de comunicación: establezca canales para la comunicación abierta y el informe de inquietudes éticas dentro de su equipo y organización.

En última instancia, los diseñadores de UX desempeñan un papel fundamental para garantizar que la tecnología se diseñe e implemente de manera ética. Al reconocer y aceptar sus responsabilidades éticas, los diseñadores de UX están preparados para crear productos y servicios centrados en el usuario que beneficien a los usuarios, las empresas y la sociedad en general.

9.4 Defensa de los derechos y la confianza del usuario

Como diseñador de UX, es esencial comprender que los usuarios deben ser la principal prioridad al crear experiencias digitales. Esto significa que, si bien la creación de interfaces hermosas y las interacciones fluidas son cruciales, es primordial defender los derechos, la privacidad y la confianza de los usuarios. En esta sección, exploraremos la importancia de los derechos y la confianza de los usuarios, las considereaciones éticas en el diseño de UX y los pasos prácticos para mantener estos valores fundamentales durante todo el proceso de diseño.

Importancia de los derechos de los usuarios y la confianza

Los derechos de los usuarios generalmente se refieren a los derechos y protecciones que tienen los usuarios cuando acceden o usan tecnologías digitales. La confianza, por otro lado, se relaciona con la credibilidad, confiabilidad y seguridad percibidas que los usuarios tienen en las experiencias digitales.

Una combinación de derechos de usuario y confianza es vital en el diseño de UX por varias razones:

1. Integridad y Responsabilidad

Respetar los derechos y la confianza de los usuarios demuestra su compromiso como diseñador de UX con las prácticas éticas y los valores centrados en el usuario en el espacio digital.

2. Retención y crecimiento de usuarios

Es más probable que los usuarios sigan utilizando un producto o servicio y se conviertan en defensores de él cuando confían en la empresa y creen que se respetan sus derechos.

3. Cumplimiento normativo

Seguir las pautas de derechos de los usuarios e incorporar funciones de fomento de la confianza puede ayudar a las empresas a cumplir con los requisitos legales, como las leyes de protección de datos y las pautas de accesibilidad, lo que reduce el riesgo de multas y daños a la reputación.

Consideraciones éticas en el diseño de UX

Para defender los derechos y la confianza de los usuarios, es crucial reconocer los dilemas éticos en el diseño de UX. Estas son algunas consideraciones éticas clave:

1. Consentimiento y Transparencia

Asegúrese de obtener el consentimiento del usuario antes de recopilar, procesar o compartir sus datos. Sea transparente acerca de sus prácticas e intenciones, y permita que los usuarios tomen decisiones informadas.

2. Privacidad y Protección de Datos

Asegúrese de que se implementen las medidas de seguridad necesarias para proteger los datos de los usuarios del acceso no autorizado y que los usuarios puedan administrar fácilmente su configuración de privacidad. Respete siempre las leyes y normas de privacidad.

3. Diseño Inclusivo

Diseñe experiencias digitales que se adapten a audiencias diversas, teniendo en cuenta factores como la edad, el género, el origen étnico, el idioma, las capacidades cognitivas y las capacidades físicas. El diseño inclusivo ayuda a respetar los derechos de los usuarios al garantizar la igualdad de acceso.

4. Accesibilidad

Comprenda las pautas de accesibilidad y cree experiencias que puedan usar las personas con discapacidades o limitaciones. Cumplir con las pautas de accesibilidad no solo es ético sino también una obligación legal en muchas jurisdicciones.

5. Evitar patrones oscuros

Los patrones oscuros se refieren a prácticas manipuladoras de diseño de UX que explotan las vulnerabilidades de los usuarios, empujan a los usuarios hacia ciertas opciones o dificultan el control de los datos del usuario. Evite tales prácticas para defender los derechos y la confianza de los usuarios.

Pasos prácticos para defender los derechos y la confianza de los usuarios

A continuación, presentamos algunos pasos prácticos para incorporar los derechos de usuario y la confianza en su proceso de diseño de UX:

1. Desarrollar un Manifiesto de los Derechos del Usuario

Crear un manifiesto de derechos de usuario para su equipo u organización puede ayudar a establecer una comprensión compartida de los valores y la ética. Educar a los miembros del equipo sobre pautas éticas, leyes y regulaciones para garantizar el cumplimiento y la toma de decisiones informada.

2. Realice una auditoría ética

Revise las experiencias digitales existentes en busca de posibles problemas éticos o prácticas cuestionables, y cree un plan para abordarlos. Esto incluye revisar la configuración de privacidad, los mecanismos de consentimiento y la accesibilidad.

3. Incorporar la ética y la confianza en la investigación de usuarios

Incluya usuarios de diversos orígenes en su investigación de usuarios para asegurarse de que sus perspectivas se tengan en cuenta en el proceso de diseño. Además, explore las expectativas de los usuarios en torno a la confianza y la privacidad, y utilice esos conocimientos para mejorar su diseño.

4. Diseño para la Transparencia y el Control

Proporcione a los usuarios información clara y concisa sobre las prácticas de recopilación, procesamiento e intercambio de datos. Desarrolle interfaces que permitan a los usuarios administrar su configuración de privacidad, datos y consentimiento con facilidad.

5. Fomentar la toma de decisiones éticas

Promueva una cultura de toma de decisiones éticas dentro de su equipo y organización. Fomente las discusiones sobre las implicaciones éticas, los riesgos y las oportunidades relacionadas con las decisiones de diseño de UX.

6. Iterar y mejorar

Evalúe periódicamente sus experiencias digitales para identificar áreas de mejora y posibles preocupaciones éticas. Permanezca abierto a comentarios y críticas, y use esos conocimientos para mejorar la confianza de los usuarios y defender sus derechos.

En conclusión, fomentar los derechos y la confianza de los usuarios es una responsabilidad esencial de un diseñador de UX. Al incorporar pautas éticas, transparencia y principios de diseño inclusivo en todo el proceso de diseño, puede ayudar a garantizar experiencias centradas en el usuario que respeten los derechos y las expectativas de todos los usuarios.

9.5 El futuro de las prácticas de diseño ético

El mundo del diseño está en constante evolución, trayendo consigo nuevos desafíos que impactan directamente en nuestras experiencias sociales y culturales. En una era en la que la privacidad de los datos de los usuarios y las consideraciones éticas son más críticas que nunca, las prácticas de diseño ético ya no son un aspecto complementario sino esencial del proceso de diseño de UX. En esta sección, examinaremos las tendencias emergentes en las prácticas de diseño ético y arrojaremos luz sobre lo que el futuro podría tener reservado para los diseñadores comprometidos con la defensa de los estándares éticos.

9.5.1 Diseño responsable a través de principios éticos

Si bien el diseño ético es subjetivo, ciertos principios sirven como base para crear diseños responsables y éticos. Estos valores deberían guiar a los diseñadores en la configuración del futuro de las prácticas de diseño ético:

1. **Respeto por la privacidad del usuario** : los diseñadores deben tomar en serio la privacidad del usuario practicando la minimización de datos, la comunicación clara del uso de datos y brindando a los usuarios control sobre el intercambio de información personal.
2. **Inclusividad y diversidad** : los diseños deben atender a una audiencia más amplia, considerando la diversidad en cultura, capacidad, género, edad y otros factores. Abordar los sesgos durante el proceso de diseño ayudará a crear productos y servicios más inclusivos.
3. **Accesibilidad** : garantizar la igualdad de acceso y oportunidades para las personas con discapacidad es crucial en el diseño ético. Los diseñadores deben seguir las pautas de accesibilidad y considerar diferentes capacidades y necesidades de accesibilidad.
4. **Sostenibilidad** : los diseños éticos se centran en los impactos a largo plazo y las consideraciones ambientales, promoviendo prácticas sostenibles al minimizar los desechos y el consumo de energía.

9.5.2 La democratización del diseño

Democratizar el diseño es una parte esencial del futuro de las prácticas de diseño ético. Se debe alentar el proceso de diseño para que incluya diversas perspectivas, lo que permite que personas de diversos orígenes y experiencia participen en el proceso de diseño. Esto ayudará a garantizar que los productos y servicios reflejen las necesidades y los valores de una base de usuarios más amplia, lo que permitirá resultados más responsables y éticos.

En el futuro, es posible que veamos herramientas y técnicas de diseño más fáciles de usar que simplifiquen el proceso de diseño y mantengan las prácticas de diseño ético a la vanguardia. Esta democratización del diseño permitirá que más personas contribuyan al proceso de diseño y creen productos éticamente sólidos.

9.5.3 Inteligencia artificial y aprendizaje automático en el diseño ético

La inteligencia artificial y el aprendizaje automático juegan un papel cada vez más importante en la configuración del panorama del diseño de UX. Sin embargo, este avance no está exento de desafíos éticos. El sesgo en los datos, la discriminación algorítmica y el potencial de mal uso de la información personal han dado lugar a debates sobre las prácticas éticas en la IA.

Podemos esperar que el futuro de las prácticas de diseño ético implique una mayor colaboración entre los desarrolladores de IA y los diseñadores de UX para garantizar el desarrollo responsable de soluciones basadas en IA. Esto implicará aprender de los datos históricos y garantizar que los sistemas de IA respeten la privacidad del usuario y operen con un sesgo mínimo.

9.5.4 Mayor atención a la privacidad y seguridad de los datos

Con la implementación de una legislación de privacidad de datos más estricta en todo el mundo, como GDPR, los diseñadores ahora son responsables de diseñar productos que no solo cumplan con estas leyes sino que también demuestren un compromiso con los principios de diseño ético. En el futuro, los diseñadores deberán comprender y cumplir estas normas mientras trabajan en proyectos de diseño de UX.

Más allá del cumplimiento, los diseñadores reconocerán cada vez más la importancia de integrar la privacidad y la seguridad en el proceso de diseño. Las prácticas de diseño ético enfatizarán la privacidad de los datos por diseño, brindando a los usuarios más control sobre su información personal y promoviendo la transparencia en la recopilación y el uso de datos.

9.5.5 Educar a los diseñadores sobre prácticas éticas

El futuro de las prácticas de diseño ético depende en gran medida de la educación y la formación de los diseñadores. A medida que las consideraciones éticas se arraiguen en el proceso de diseño, los cursos y talleres centrados en la ética serán esenciales para educar a los diseñadores sobre las mejores prácticas y el diseño responsable.

Además, es igualmente importante que los diseñadores sean proactivos en su enfoque para aprender sobre prácticas éticas, asistiendo a cursos, talleres, colaborando con expertos en el campo y manteniéndose actualizados con nuevas investigaciones y recursos.

9.5.6 Pensamientos finales

El futuro de las prácticas de diseño ético implica un enfoque multifacético que considere no solo las necesidades de los usuarios, sino también las implicaciones sociales y ambientales más amplias. Los diseñadores y las organizaciones deben comprometerse a defender estos valores éticos en su proceso de diseño para lograr un impacto significativo y positivo en la sociedad. Fomentar una cultura de empatía, responsabilidad y transparencia será la clave para el futuro de las prácticas de diseño ético.

Capítulo 10: La próxima frontera: predicciones y

posibilidades para el diseño de UX

A medida que la tecnología continúa evolucionando a un ritmo sin precedentes, se espera que el campo del diseño de UX experimente desarrollos revolucionarios en los próximos años. En este capítulo, exploraremos algunas de estas predicciones, al tiempo que examinamos las posibles posibilidades que podrían redefinir la práctica del diseño de UX tal como la conocemos hoy.

Al comprender estas posibles evoluciones, los diseñadores de UX pueden prepararse mejor para el futuro y aprovechar el poder de la tecnología para crear experiencias que superen las expectativas.

El auge de la inteligencia artificial en el diseño UX

Uno de los desarrollos más significativos en el campo del diseño UX es el auge de la inteligencia artificial (IA) y sus diversas aplicaciones. Los algoritmos de aprendizaje automático y los sistemas de IA pueden mejorar el diseño de UX mediante la automatización de tareas, la personalización de las experiencias de los usuarios, la identificación de patrones y tendencias y la predicción del comportamiento de los usuarios.

A medida que la IA se vuelve más sofisticada, los diseñadores de UX pueden aprovechar la tecnología para crear interfaces más intuitivas, automatizar tareas redundantes y aprender continuamente de las interacciones de los usuarios para optimizar los diseños con el tiempo. Esto permitirá a los diseñadores desarrollar experiencias de usuario más adaptadas y personalizadas que nunca, mejorando drásticamente la participación y satisfacción del usuario.

Interfaz de usuario de voz (VUI) y IU conversacional

Otra tendencia emergente es la prevalencia de las interfaces de usuario de voz (VUI) y la IU conversacional. A medida que más usuarios adoptan dispositivos activados por voz como Amazon Echo y Google Home, ha habido una mayor demanda de experiencias de usuario que puedan integrarse sin problemas con estas nuevas tecnologías. Este cambio de una interfaz visual a una centrada en la voz requerirá que los diseñadores de UX reconsideren la experiencia del usuario en términos de conversación, semántica y procesamiento del lenguaje natural.

Al diseñar para VUI, los diseñadores de UX pueden crear experiencias más accesibles para los usuarios que pueden tener dificultades con las interfaces visuales tradicionales, como aquellos con discapacidades visuales o simplemente prefieren la comodidad de los comandos de voz. Esto también abre nuevas posibilidades para las interfaces multimodales, combinando la voz, las imágenes y los comentarios hápticos para crear experiencias más atractivas e inmersivas.

Realidad Virtual y Aumentada

Con los avances en las tecnologías de realidad virtual (VR) y realidad aumentada (AR), los diseñadores de UX deberán adaptar sus habilidades y métodos para crear experiencias inmersivas en estos nuevos entornos. Los límites entre los mundos físico y digital se están volviendo cada vez más borrosos y, como resultado, el diseño de UX deberá tener en cuenta la navegación espacial, la interacción intuitiva y las consideraciones de comodidad y seguridad del usuario.

Desarrollar diseños UX para aplicaciones VR y AR requerirá un nuevo conjunto de habilidades y herramientas, así como una comprensión profunda de la percepción y la psicología humanas. Los diseñadores de UX deberán trabajar en estrecha colaboración con los desarrolladores y otras disciplinas para crear experiencias cohesivas y coherentes que superen los límites de la tecnología actual al tiempo que priorizan la participación y la satisfacción del usuario.

La ética del diseño UX: diseño responsable e inclusivo

Dado que el diseño de UX juega un papel más importante en la forma en que interactuamos con la tecnología, se vuelve crucial considerar las implicaciones éticas de las decisiones de diseño. La inclusión y la accesibilidad deben estar a la vanguardia del diseño de UX, asegurando que los productos y servicios atiendan a usuarios de todos los orígenes y habilidades.

Además, los diseñadores de UX deben tener en cuenta el diseño de productos que no exploten la confianza del usuario ni manipulen el comportamiento de manera poco ética. Seguir pautas éticas y principios de diseño ayudará a los diseñadores a crear experiencias que realmente mejoren la vida de los usuarios y contribuyan al bienestar general de la sociedad.

La creciente importancia del diseño emocionalmente inteligente

A medida que la IA y la automatización se vuelven más frecuentes, el diseño de UX deberá centrarse en los aspectos que nos hacen únicamente humanos, como nuestras emociones y conexiones sociales. Al desarrollar experiencias que conectan con los usuarios en un nivel emocional más profundo, los diseñadores de UX pueden crear productos que fomenten relaciones significativas y promuevan la satisfacción del usuario.

El diseño emocionalmente inteligente puede implicar la comprensión de los matices de las experiencias emocionales de los usuarios, el uso de estrategias de diseño empáticas o incluso la inclusión de análisis emocionales que midan las reacciones de los usuarios y adapten las interfaces en consecuencia. Al priorizar la inteligencia emocional en el diseño de UX, los diseñadores pueden crear conexiones más significativas entre los usuarios y la tecnología.

Evolución y Aprendizaje Continuos

Sin duda, el campo del diseño de UX continuará evolucionando rápidamente, con nuevas tecnologías y tendencias emergiendo constantemente. Para mantenerse relevantes y exitosos, los diseñadores de UX deben comprometerse con el aprendizaje y el crecimiento continuos.

Esto puede implicar mantenerse informado sobre los últimos desarrollos de la industria, experimentar con nuevas herramientas y técnicas y trabajar en colaboración con las partes interesadas para ampliar los límites de lo que es posible en el diseño de UX. Al aceptar el cambio y cultivar una mentalidad de crecimiento, los diseñadores de UX pueden dar forma al futuro de la industria y crear experiencias que forjen nuevos horizontes en la tecnología y la interacción humana.

En conclusión, el futuro del diseño UX promete nuevas y emocionantes posibilidades y desafíos. Al mantenerse informados sobre estas tendencias emergentes, adoptar nuevas tecnologías, priorizar prácticas de diseño éticas e inclusivas y desarrollar experiencias emocionalmente inteligentes, los diseñadores de UX pueden dar forma al futuro y liderar el camino en la creación de experiencias de usuario transformadoras y atractivas que superen la prueba del tiempo.

10.1 El impacto de la inteligencia artificial en el diseño de UX

A medida que la tecnología evoluciona, también lo hace el panorama del diseño de UX. Entre los muchos avances tecnológicos que han influido en este campo, la inteligencia artificial (IA) está a la vanguardia. La IA está lista para tener un impacto significativo en la forma en que diseñamos y desarrollamos productos y servicios digitales, que en última instancia remodelarán las experiencias de los usuarios. En este capítulo, discutiremos las diversas formas en que la IA está transformando el diseño de UX y cómo los diseñadores pueden aprovechar las tecnologías de IA para crear experiencias más agradables y personalizadas para los usuarios.

10.1.1 Personalización basada en IA

Una de las principales áreas en las que la IA está influyendo en el diseño de UX es a través de la personalización. Los algoritmos de IA utilizan el aprendizaje automático y el análisis de datos para aprender y predecir las preferencias del usuario en función del comportamiento y la demografía del usuario. Como resultado, los diseñadores pueden crear productos, servicios e interfaces digitales que se adaptan a usuarios individuales o segmentos de usuarios, ofreciendo una experiencia más personalizada y agradable.

Por ejemplo, la personalización impulsada por IA se puede ver en aplicaciones como Spotify, Netflix y Amazon, donde las recomendaciones personalizadas se basan en las preferencias y comportamientos de los usuarios individuales. Las interfaces y el contenido personalizados pueden dar como resultado una mayor participación y satisfacción del usuario, ya que a los usuarios se les presenta contenido que es más relevante y se adapta a sus preferencias.

10.1.2 Interfaces conversacionales

Con la llegada de los asistentes de voz impulsados por IA como Siri, Alexa y Google Assistant, las interfaces conversacionales se han vuelto cada vez más populares. Estas plataformas permiten a los usuarios interactuar con productos y servicios digitales utilizando un lenguaje natural, lo que hace que la experiencia del usuario sea más intuitiva y eficiente.

Los diseñadores deben tener en cuenta la mayor adopción de interacciones de voz y considerar cómo cambia esto el proceso de diseño. Por ejemplo, el diseño de interacciones de voz requiere una comprensión más profunda del procesamiento del lenguaje natural y los flujos de conversación, además de tener en cuenta factores como el acento, el dialecto y el contexto.

Además, el auge de los chatbots impulsados por IA ofrece nuevas oportunidades para el diseño de UX en áreas como la atención al cliente, la recuperación de información y las operaciones comerciales. Los chatbots pueden brindar asistencia instantánea y personalizada a los usuarios, lo que reduce la necesidad de intervención humana y mejora la satisfacción general del usuario.

10.1.3 Análisis predictivo

El análisis predictivo impulsado por IA permite a los diseñadores anticipar las necesidades de los usuarios y proporcionar información, recomendaciones y acciones contextualmente relevantes. Por ejemplo, los algoritmos de IA pueden analizar la entrada del usuario y generar sugerencias adecuadas, lo que hace que las funciones de autocompletado y revisión ortográfica sean más precisas y receptivas.

El análisis predictivo también puede ayudar a los diseñadores de UX a identificar patrones en el comportamiento de los usuarios y descubrir información que permita tomar mejores decisiones de diseño. Los algoritmos de IA pueden detectar tendencias, preferencias y puntos débiles, proporcionando comentarios valiosos que informan las iteraciones de diseño posteriores.

10.1.4 Procesos de diseño automatizados

AI también está transformando la forma en que trabajan los diseñadores al automatizar tareas de diseño tediosas y que requieren mucho tiempo. Las herramientas de diseño generativo permiten a los diseñadores explorar rápidamente una amplia gama de posibilidades de diseño, mientras que los asistentes de diseño impulsados por IA pueden ofrecer comentarios en tiempo real sobre las decisiones de diseño o incluso sugerir posibles mejoras.

Estos procesos automatizados pueden liberar más tiempo para que los diseñadores se centren en tareas estratégicas y creativas de mayor nivel, lo que en última instancia permite soluciones de diseño más innovadoras y centradas en el usuario.

10.1.5 Diseño Accesible

AI tiene el potencial de mejorar UX para usuarios con discapacidades al simplificar interacciones complejas y hacer que los productos y servicios digitales sean más accesibles. Las herramientas impulsadas por IA pueden adaptar las interfaces en función de las necesidades, preferencias y habilidades del usuario, lo que garantiza que los productos digitales sean accesibles para una amplia variedad de usuarios.

Por ejemplo, la IA se puede utilizar para transformar contenido basado en texto en voz para usuarios con discapacidades visuales, o para generar descripciones de texto alternativo significativas para imágenes. Las funciones de accesibilidad impulsadas por IA alientan a los diseñadores a priorizar el diseño inclusivo, lo que resulta en experiencias más agradables para todos.

10.1.6 Ética y sesgo en UX impulsado por IA

Si bien la IA presenta innumerables oportunidades para mejorar el diseño de UX, es esencial que los diseñadores sean conscientes de las consideraciones éticas que surgen al utilizar tecnologías de IA. El sesgo puede introducirse inadvertidamente en los algoritmos de IA a través de datos de entrenamiento o por la falta de diversidad en los equipos de diseño. Los diseñadores deben asegurarse de que las tecnologías de IA estén diseñadas e implementadas de una manera que respete la privacidad del usuario y que promuevan experiencias justas e inclusivas para todos los usuarios.

En conclusión, la integración de la IA en el diseño de UX presenta una gran oportunidad para que los diseñadores optimicen y personalicen las experiencias de los usuarios. Al mantenerse informados sobre los avances dentro de las tecnologías de IA y comprender sus posibles implicaciones, los diseñadores de UX pueden crear soluciones innovadoras centradas en el usuario que dan forma al futuro de las experiencias digitales.

10.2 El surgimiento de nuevos paradigmas de interacción

A medida que el campo del diseño de la experiencia del usuario (UX) continúa evolucionando, somos testigos del surgimiento de nuevos paradigmas de interacción que prometen redefinir la relación entre los usuarios y la tecnología. Influenciados por los rápidos avances en inteligencia artificial, realidad virtual y aumentada, biotecnología y más, estos paradigmas prometedores desafían los enfoques y principios de diseño anteriores. En esta sección, exploraremos estos paradigmas de interacción emergentes y cómo están dando forma al futuro del diseño de UX.

10.2.1 Interfaz de usuario conversacional y de voz

Con la llegada de los asistentes de voz personales como Google Assistant, Amazon Alexa y Siri de Apple, las interfaces de usuario (UI) conversacionales y de voz se han vuelto comunes. En lugar de hacer clic o tocar para interactuar con un sistema, los usuarios ahora pueden hablar con sus dispositivos y recibir respuestas a través del procesamiento del lenguaje natural. Este paradigma de interacción permite una experiencia más accesible y similar a la humana, particularmente para personas con discapacidades visuales o limitaciones físicas.

El diseño de interfaces de usuario de voz y conversación va más allá del diseño de pantalla tradicional y requiere una comprensión profunda del lenguaje natural, el contexto y las expectativas del usuario. A diferencia de las interfaces de usuario tradicionales, con señales visuales y posibilidades físicas, las interfaces de usuario conversacionales se basan en la capacidad del usuario para recordar interacciones pasadas y matices de contexto. Los diseñadores deben equilibrar el suministro de comentarios apropiados, el manejo de errores y la adaptabilidad a las diversas entradas de los usuarios.

10.2.2 Realidad Virtual y Aumentada

Las tecnologías de realidad virtual (VR) y realidad aumentada (AR) no solo han transformado las industrias de juegos y entretenimiento, sino que también han introducido nuevos paradigmas de interacción para diversas aplicaciones. Con estas tecnologías, los usuarios ahora pueden interactuar con objetos y entornos virtuales de una manera más intuitiva e inmersiva.

Diseñar para VR y AR invoca diferentes consideraciones y principios de diseño en comparación con las interfaces digitales tradicionales. Por ejemplo, el entorno tridimensional requiere que los diseñadores consideren la conciencia espacial, la física realista y el seguimiento del movimiento. Además, la comodidad del usuario y la prevención del mareo se convierten en factores de diseño cruciales cuando se trata de estas tecnologías inmersivas.

10.2.3 Interfaces biométricas y biosensoriales

Las interfaces biométricas y biosensoriales utilizan las características biológicas únicas de un individuo, como las huellas dactilares o el reconocimiento facial, para la autenticación y la interacción. Estas interfaces son cada vez más frecuentes con el auge de los dispositivos portátiles, las aplicaciones de salud y los sistemas de seguridad.

El diseño de interfaces biométricas y biosensoriales no se trata solo de crear una experiencia de usuario fluida y sin fricciones, sino también de garantizar la privacidad, la seguridad y la confiabilidad. Los diseñadores deben considerar cómo incorporar datos biométricos en la experiencia del usuario de manera efectiva sin infringir las expectativas de privacidad del usuario.

10.2.4 Retroalimentación háptica e interfaces táctiles

La retroalimentación háptica y las interfaces táctiles se han convertido en un aspecto crucial del diseño para mejores experiencias de usuario. Al utilizar el tacto, la presión y la vibración, estas interfaces pueden transmitir información y contexto de manera más efectiva que solo señales visuales o auditivas.

Diseñar para la retroalimentación háptica y las interfaces táctiles requiere una comprensión de la percepción del tacto humano y cómo se pueden usar diferentes texturas, materiales y vibraciones para comunicar información a los usuarios. Esto puede mejorar enormemente la accesibilidad para los usuarios con discapacidades visuales y brindar una experiencia más inmersiva y atractiva.

10.2.5 Interfaces cerebro-computadora

Una interfaz cerebro-computadora (BCI) establece un vínculo de comunicación directo entre el cerebro humano y los dispositivos externos. Esta tecnología pionera abre posibilidades para usuarios con discapacidades físicas, ya que les permite controlar dispositivos a través del pensamiento.

Diseñar para BCI requiere una comprensión profunda de la neurociencia, la psicología cognitiva y el comportamiento humano. Los diseñadores deben considerar las implicaciones éticas de capturar e interpretar datos cerebrales, asegurando que los usuarios mantengan la autonomía y el control sobre sus acciones.

10.2.6 IA emocionalmente inteligente

A medida que la inteligencia artificial continúa avanzando, la expectativa de interacciones fluidas y similares a las humanas con la tecnología continúa aumentando. La IA emocionalmente inteligente puede comprender y analizar las emociones de un usuario y participar adecuadamente en las respuestas, creando experiencias más naturales y empáticas.

Diseñar para una IA emocionalmente inteligente implica recopilar y analizar datos relacionados con las emociones humanas, las expresiones faciales y las señales del lenguaje. También requiere considaraciones éticas con respecto a la salud mental del usuario y los beneficios emocionales, así como posibles problemas de manipulación y privacidad.

10.2.7 Interfaces de usuario tangibles

Las interfaces de usuario tangibles (TUI) son objetos físicos que representan información digital y permiten a los usuarios interactuar con sistemas digitales a través del mundo físico. Las TUI cierran la brecha entre los ámbitos digital y físico, invitando a los usuarios a manipular datos y controlar el software a través de objetos tangibles y fáciles de agarrar.

El diseño de TUI implica comprender el comportamiento y las expectativas del usuario en la manipulación de objetos físicos, pensar espacial y tridimensionalmente y explorar la relación entre las posibilidades físicas y los sistemas digitales.

Conclusión

El surgimiento de nuevos paradigmas de interacción ha ampliado el alcance del diseño de UX e introducido nuevos desafíos y oportunidades. Como diseñadores, debemos adoptar y adaptarnos a estas circunstancias cambiantes, mejorar nuestras habilidades y reconocer el enorme potencial que tienen estos paradigmas emergentes para mejorar las experiencias de los usuarios. A medida que avanzamos hacia un futuro impulsado por la innovación y las tecnologías en evolución, nuestra capacidad para diseñar experiencias de usuario reflexivas, inclusivas e impactantes seguirá siendo primordial.

10.3 El papel del diseño UX en el Internet de las cosas

A medida que continuamos adoptando la era digital en constante evolución, nos encontramos constantemente rodeados de una miríada de dispositivos y tecnología que se integran a la perfección con nuestra vida diaria. A medida que la cantidad de estos dispositivos continúa creciendo y el mundo se acerca a un ecosistema completamente conectado, estamos presenciando una red interconectada de dispositivos digitales habilitados por Internet de las cosas (IoT).

IoT presenta un desafío único para el diseño de la experiencia del usuario (UX) y este capítulo tiene como objetivo arrojar luz sobre las funciones y responsabilidades de los diseñadores de UX en la navegación por el dominio emergente de los dispositivos conectados. Profundizaremos en los fundamentos de IoT, sus tendencias futuras y la necesidad de incorporar un enfoque de diseño UX holístico y eficiente.

Comprender IoT y sus implicaciones en el diseño de UX

IoT se puede definir como un sistema interconectado donde los objetos cotidianos tienen la capacidad de enviar, recibir y procesar datos a través de Internet. El objetivo principal de IoT es crear una red inteligente de sistemas digitales que se comuniquen de manera efectiva entre sí para permitir la accesibilidad, el intercambio y la optimización de procesos de datos.

Como diseñador de UX, comprender los principios básicos de IoT se vuelve crucial para definir la experiencia del usuario para dichos entornos interconectados, lo que garantiza que el diseño siga siendo óptimo, utilizable y, lo que es más importante, significativo. La importancia del diseño de UX en los ecosistemas de IoT se hace evidente cuando se consideran las complejidades involucradas en el aprovechamiento de una multitud de dispositivos con patrones de interacción y protocolos de comunicación variados.

Adoptar un enfoque de diseño inclusivo

A diferencia del diseño tradicional de UX/UI, que se enfoca principalmente en distintas interfaces y plataformas digitales, el paradigma de diseño de IoT abarca una amplia gama de experiencias, interacciones y sistemas que incluyen, entre otros, hogares inteligentes, dispositivos portátiles, ciudades inteligentes y vehículos conectados. En consecuencia, el diseño de las experiencias de IoT debe incorporar un enfoque más inclusivo que atienda las necesidades, preferencias y contextos de uso específicos.

Para lograr esto, los diseñadores de UX deben invertir un esfuerzo considerable en comprender las interacciones y relaciones entre los dispositivos y los usuarios, teniendo en cuenta los aspectos ambientales y sociales que pueden afectar la experiencia del usuario. Además, los diseñadores deben centrarse en adaptarse a múltiples puntos de contacto del usuario, niveles de inmersión y requisitos de accesibilidad.

Tendencias futuras en el diseño de IoT UX

A medida que el panorama de IoT continúa expandiéndose, podemos esperar presenciar el surgimiento de nuevas tendencias y avances que redefinirán las experiencias e interacciones de los usuarios.

Interfaces de voz y procesamiento de lenguaje natural

Con la llegada del reconocimiento de voz y las tecnologías de procesamiento del lenguaje natural, las interacciones de voz se han convertido en un aspecto integral de las experiencias de los usuarios de IoT. Como diseñador de UX, es esencial comprender los matices del diseño de interfaces habilitadas por voz, como desarrollar comandos de voz funcionales y sensibles al contexto, garantizar que las interacciones sigan siendo fáciles de usar y diseñar un mecanismo de retroalimentación que proporcione información clara y concisa. a los usuarios

Realidades aumentadas y virtuales

IoT tiene el potencial de encabezar los avances en los campos de la realidad aumentada (AR) y la realidad virtual (VR), permitiendo experiencias de usuario altamente inmersivas, interactivas y personalizadas. Los diseñadores de UX deben aprovechar estas tecnologías para crear experiencias que redefinan los límites entre los ámbitos digital y físico.

Personalización y análisis predictivo

En los ecosistemas de IoT, el creciente volumen de datos de los usuarios presenta una oportunidad para que los diseñadores de UX exploren la personalización y el análisis predictivo. Los diseñadores pueden emplear los datos de los usuarios para personalizar las experiencias en función de las preferencias, los hábitos y los comportamientos de los usuarios, lo que facilita una experiencia fluida y adecuada al contexto.

Dominar el proceso de diseño de UX en IoT

La incorporación exitosa del diseño de UX en las aplicaciones de IoT requiere que los diseñadores adopten un proceso de diseño integral que abarque varias etapas de investigación, ideación, validación e iteración.

Investigación y conciencia del contexto

Uno de los primeros pasos cruciales en el proceso de diseño de IoT UX consiste en diseccionar las necesidades, los deseos y las motivaciones del usuario a través de una fase de investigación en profundidad. Esto puede incluir realizar entrevistas a usuarios, realizar análisis de usabilidad y extraer información de los datos existentes.

Conceptualización e ideación

En esta etapa, los diseñadores de UX deben generar multitud de ideas y conceptos, teniendo en cuenta los diversos dispositivos interconectados e interacciones involucradas. El uso de escenarios, recorridos de usuarios y guiones gráficos pueden actuar como herramientas eficaces para organizar estas ideas y visualizar su contexto.

Prototipado y validación

Para dar vida a las interacciones y experiencias de IoT, los diseñadores de UX deben crear y probar prototipos funcionales que representen los elementos centrales y la funcionalidad del sistema. Esta etapa permite a los diseñadores validar sus suposiciones y obtener comentarios de los usuarios para refinar, iterar y mejorar el diseño final.

Implementación y evaluación

Una vez que se ha diseñado y validado la experiencia de IoT, los diseñadores de UX deben colaborar con los desarrolladores, ingenieros y partes interesadas para garantizar la implementación exitosa del diseño. Además, el monitoreo, la evaluación y el refinamiento continuos pueden garantizar la sostenibilidad de una experiencia de usuario de IoT placentera y atractiva.

En conclusión, a medida que IoT continúa revolucionando la forma en que interactuamos con los sistemas y dispositivos digitales, el papel del diseño de UX se vuelve cada vez más vital para dar forma a experiencias fluidas, intuitivas y significativas. Al adoptar un enfoque de diseño inclusivo, mantenerse informado sobre las tendencias emergentes y dominar un proceso de diseño integral, los diseñadores de UX estarán adecuadamente preparados para sobresalir en el dominio de IoT.

10.4 El futuro del trabajo remoto y la colaboración

A medida que la tecnología continúa avanzando y los mercados globales se vuelven más conectados, el trabajo remoto ha experimentado un rápido crecimiento en los últimos años. Fue impulsado a la vanguardia de los modelos de trabajo durante la pandemia de COVID-19, sin mostrar signos de desaceleración. Con más personas que eligen trabajar de forma remota o en capacidades híbridas, el futuro del trabajo remoto y la colaboración estará impulsado por los desarrollos tecnológicos, la mayor adopción de herramientas digitales y el cambio de actitud hacia los entornos de trabajo tradicionales. Las siguientes secciones analizan los factores clave y las tendencias que desempeñarán un papel fundamental en la configuración del futuro del trabajo remoto y la colaboración.

10.4.1 Avances en herramientas de comunicación y colaboración

La clave para el trabajo y la colaboración remotos exitosos depende de la efectividad de las herramientas de comunicación disponibles. A medida que la tecnología sigue evolucionando, es fundamental que las empresas se adapten y proporcionen a los empleados remotos las herramientas digitales que necesitan. La realidad virtual (VR), la realidad aumentada (AR) y la inteligencia artificial (AI) son algunas de las áreas que podrían transformar la forma en que abordamos el trabajo remoto y la colaboración.

- **Realidad virtual y realidad aumentada** : estas tecnologías podrían convertirse en una parte integral del trabajo remoto, permitiendo que los empleados trabajen juntos en oficinas virtuales o salas de reuniones, lo que fomenta una sensación de presencia y camaradería a pesar de estar físicamente separados. Las plataformas de realidad virtual como Spatial ya han avanzado en la provisión de entornos de reunión inmersivos y podemos esperar más avances en los próximos años.

- **Inteligencia artificial** : las herramientas impulsadas por IA, como los chatbots, los servicios de traducción y los asistentes virtuales, podrían ayudar a automatizar las tareas rutinarias y mejorar la comunicación del equipo. Por ejemplo, el análisis de texto impulsado por IA puede ayudar a administrar la afluencia masiva de información y presentar información relevante, mientras que los chatbots impulsados por IA pueden manejar consultas de rutina o incluso programar reuniones.

10.4.2 Nómadas digitales y políticas de trabajo desde cualquier lugar

Uno de los cambios más significativos resultantes del trabajo remoto es el aumento de los nómadas digitales: empleados que pueden trabajar desde cualquier lugar con una conexión a Internet estable. A medida que más profesionales adopten roles de trabajo desde cualquier lugar, las empresas deberán adoptar políticas más flexibles que permitan a los empleados cumplir con sus responsabilidades profesionales mientras disfrutan de la libertad de un estilo de vida nómada.

- **Énfasis en el rendimiento, no en la ubicación** : las organizaciones deberán centrarse más en el rendimiento y el rendimiento de los empleados, en lugar del lugar donde trabajan. Este pivote requerirá refinar las métricas de desempeño y las metodologías de evaluación que reflejen con precisión las contribuciones y los logros de los empleados remotos.

- **Acceso a espacios de coworking** : el desarrollo de espacios de coworking seguirá creciendo, brindando a los empleados remotos una variedad de opciones para acceder a entornos de trabajo confiables, servicios profesionales y oportunidades para establecer contactos. Las asociaciones emergentes entre empresas y proveedores de coworking pueden ofrecer a los empleados una variedad de ubicaciones desde las cuales trabajar, tanto a nivel nacional como internacional.

10.4.3 Adquisición de talento y retención de empleados

El trabajo remoto presenta oportunidades para que las empresas aprovechen un grupo de talentos más diverso, ya que las limitaciones geográficas tradicionalmente vinculadas al reclutamiento ya no representan una barrera sustancial. El trabajo remoto también afecta la retención, ya que los empleados buscan roles que ofrezcan acuerdos flexibles de trabajo y colaboración.

- **Adquisición de talento global** : a medida que las empresas implementan políticas de trabajo remoto, pueden extender los esfuerzos de reclutamiento para acceder al talento internacional. Esta estrategia puede ofrecer a las empresas una ventaja competitiva al incorporar personas que aportan perspectivas, habilidades y experiencias únicas al equipo.

● **Retención de empleados** : atraer y retener empleados estará cada vez más vinculado a opciones de trabajo flexibles, ya que el trabajo remoto se convierte en un beneficio laboral muy buscado. Las empresas que adopten oportunidades de trabajo remoto disfrutarán de un mayor compromiso y satisfacción de los empleados, lo que puede conducir a una menor rotación y una mayor productividad.

10.4.4 Equilibrio vida-trabajo y salud mental

El trabajo remoto permite a los profesionales lograr un mejor equilibrio entre el trabajo y la vida privada al evitar largos viajes al trabajo, ofrecer más tiempo para la familia y promover estilos de vida más saludables. A su vez, las organizaciones deben priorizar la salud mental y el bienestar de los empleados como componentes críticos del trabajo remoto.

● **Construir conexiones sociales** : los empleadores deberán abordar las preocupaciones relacionadas con el impacto del trabajo remoto en las conexiones sociales de los empleados. Las actividades y eventos regulares de formación de equipos, ya sean virtuales o en persona, pueden ayudar a cerrar la brecha y mantener una cultura empresarial sólida.

● **Apoyar la salud mental** : el trabajo remoto puede exacerbar los sentimientos de aislamiento, agotamiento o desconexión. Como tal, las organizaciones deben brindar apoyo y recursos de salud mental accesibles para los empleados remotos.

10.4.5 La evolución de los espacios de oficina

La reinvención de los espacios de oficina jugará un papel importante en el futuro del trabajo remoto y la colaboración. A medida que un mayor número de empleados elija trabajar de forma remota a tiempo completo o parcial, las empresas deberán adoptar enfoques innovadores para diseñar espacios de oficina que satisfagan los diversos estilos de trabajo.

- **Diseños de oficina flexibles** : los espacios de trabajo deberán ser más adaptables para acomodar a los empleados remotos a medida que se mueven entre la oficina y el trabajo remoto. Los arreglos de muebles flexibles, las estaciones de trabajo privadas y los espacios colaborativos abiertos serán esenciales para crear un entorno de trabajo versátil e inclusivo.
- **Centrarse en la colaboración** : dado que el trabajo de rutina se puede completar de forma remota, los espacios de oficina pueden orientarse hacia la facilitación de la colaboración, la unión del equipo y las interacciones cara a cara, cruciales para fomentar la innovación, la creatividad y la resolución de problemas.

En conclusión, el futuro del trabajo remoto y la colaboración estará determinado por los avances tecnológicos, los cambios en las políticas y las tendencias laborales emergentes, que finalmente convergerán en un panorama laboral global más flexible, innovador y conectado. Las organizaciones que adopten y se adapten a estos cambios estarán bien preparadas para prosperar en un mundo cada vez más digital e independiente de la ubicación.

Capítulo 10.5 - Preparación para los desafíos y oportunidades que se avecinan

Prepararse para futuros desafíos y posibilidades es fundamental para el dominio del diseño de UX. En este campo que cambia rápidamente, es esencial estar al tanto de las nuevas tecnologías, tendencias y cambios potenciales que pueden afectar la forma en que los usuarios interactúan con los productos digitales y físicos. Al comprender estos cambios, tendrá una mayor comprensión de cómo su trabajo puede ayudar a satisfacer las necesidades y los deseos de las personas, al mismo tiempo que se asegura de que sus proyectos sigan siendo agradables, atractivos y relevantes.

En este capítulo, exploraremos algunos de los problemas y oportunidades clave que puede esperar enfrentar en el mundo del diseño de UX a medida que continúa creciendo y aprendiendo. Luego le brindaremos información sobre algunas de las estrategias y técnicas más efectivas que puede usar para mantenerse a la vanguardia en el campo, incluso cuando el suelo se mueve bajo sus pies.

A. TENDENCIAS FUTURAS: LAS FUERZAS CONFORMADORAS

Algunos de los cambios más significativos en el diseño de UX provendrán de varios avances tecnológicos que generarán nuevos modos de interacción. Mientras planifica para el futuro, tenga en cuenta estas tendencias clave:

A.1. Inteligencia artificial (IA) y aprendizaje automático

La IA y el aprendizaje automático están configurados para remodelar el diseño de UX mediante el análisis de cantidades masivas de datos y la comprensión del comportamiento del usuario en tiempo real. Esto puede permitir a los diseñadores de UX crear experiencias adaptables y personalizadas que sean realmente únicas para cada usuario. Para prepararse para la creciente importancia de la IA, considere aprender más sobre esta tecnología e incorporarla a su conjunto de herramientas de diseño.

A.2. Interfaces basadas en voz y gestos

A medida que los dispositivos digitales se vuelven más ubicuos y menos dependientes de los métodos de entrada tradicionales, como teclados y pantallas táctiles, los diseñadores deben adoptar métodos de interacción más nuevos, como el control de voz y gestos. Estas interfaces permitirán a los usuarios comunicarse con los dispositivos de formas más humanas, brindando una experiencia más intuitiva y agradable.

A.3. Realidad Aumentada y Virtual (AR/VR)

Las tecnologías AR y VR continúan madurando y ofrecen nuevas formas de integrar experiencias digitales en la vida cotidiana de los usuarios. Los diseñadores deberán adaptar sus conjuntos de habilidades para incluir el diseño de entornos inmersivos, combinando espacios físicos y digitales para crear experiencias de usuario perfectas.

A.4. Internet de las cosas (IoT)

El IoT, en el que los objetos cotidianos están integrados con sensores y conectividad, facilitará niveles sin precedentes de recopilación de datos e interacción remota entre los usuarios y sus entornos. Los diseñadores de UX deberán comprender cómo crear y administrar experiencias conectadas que aprovechen este rico ecosistema de datos al tiempo que garantizan la seguridad y la privacidad.

B. NAVEGAR POR LOS DESAFÍOS

Con las nuevas tendencias vienen nuevos obstáculos para los diseñadores de UX. Aquí hay algunas estrategias para ayudarlo a superar estos obstáculos y capitalizar las tecnologías emergentes:

B.1. Adopte la colaboración y el trabajo interdisciplinario

A medida que evoluciona el campo del diseño de UX, se entrelaza cada vez más con otras disciplinas, como la IA, el análisis de datos, el diseño industrial y la psicología. Al buscar oportunidades de colaboración y aprender nuevas perspectivas de estos campos relacionados, estará mejor posicionado para crear soluciones innovadoras que satisfagan una gama cada vez más diversa de necesidades y deseos de los usuarios.

B.2. Desarrollar una mentalidad de aprendizaje

Mantener una mentalidad de aprendizaje proactiva con un enfoque en la mejora continua le permitirá mantenerse al día con las tendencias y tecnologías emergentes. Al asistir regularmente a conferencias, talleres y seminarios web, leer publicaciones de la industria y establecer contactos con otros profesionales, obtendrá una comprensión más profunda del panorama cambiante y cómo adaptar su propio trabajo en consecuencia.

B.3. Cultivar la empatía y la conciencia ética

A medida que las nuevas tecnologías impregnan cada vez más todos los aspectos de nuestras vidas, es vital priorizar la privacidad, la seguridad y el bienestar general del usuario. Al fomentar un enfoque empático y ético para el diseño de UX, se asegurará de que su trabajo sea responsable y promueva impactos sociales y culturales positivos.

B.4. Adaptarse a nuevas herramientas y técnicas

Estar bien versado en herramientas y técnicas de vanguardia le permitirá crear diseños UX de clase mundial que aprovechen los últimos avances tecnológicos. A medida que el campo evoluciona, es esencial mantenerse a la vanguardia e invertir tiempo y esfuerzo para dominar nuevos software, plataformas y metodologías.

C. APROVECHAR LAS OPORTUNIDADES

En el corazón del diseño de UX se encuentra la capacidad de anticipar y responder a las necesidades y deseos emergentes. A medida que continúa refinando sus habilidades y preparándose para el futuro, considere estas estrategias para ayudarlo a descubrir nuevas oportunidades de crecimiento, desarrollo y éxito profesional:

C.1. Mantente curioso y abierto a la experimentación

Mantener un sentido de curiosidad y disposición para experimentar es crucial para mantenerse a la vanguardia en el diseño de UX. Utilice proyectos personales, hackatones o laboratorios de innovación para probar nuevas ideas, aprender de sus errores y, en última instancia, descubrir soluciones novedosas e inspiradoras que amplían los límites de lo que es posible.

C.2. Desarrolle una cartera de diseño que refleje las tendencias futuras

Tener una cartera diversa y versátil que destaque su competencia en las tendencias y tecnologías emergentes de UX será invaluable a medida que continúe creciendo profesionalmente. Asegúrese de incluir proyectos que muestren su experiencia en IA, AR/VR, IoT u otros enfoques de diseño con visión de futuro.

C.3. Busque tutoría y apoyo

Para prosperar en el mundo en constante cambio del diseño de UX, es esencial contar con una sólida red de mentores y compañeros que puedan ofrecer orientación, apoyo e inspiración. Al buscar y fomentar relaciones con diseñadores, investigadores y tecnólogos experimentados, obtendrá conocimientos, perspectivas y oportunidades de crecimiento invaluables.

C.4. Contribuye a la comunidad UX

Participar en la comunidad UX más amplia, incluidas reuniones locales, foros en línea y eventos de la industria, le permitirá compartir su conocimiento, perfeccionar sus habilidades y establecer conexiones significativas con profesionales de ideas afines. Al retribuir a la comunidad, también construirá una reputación como un profesional de UX informado y comprometido.

En conclusión, los desafíos y oportunidades que se avecinan en el mundo del diseño de UX son amplios y variados. Adoptar nuevas tecnologías, tendencias y metodologías mientras mantiene un enfoque en la empatía, la ética y la colaboración será esencial mientras se prepara para enfrentar el futuro de frente. Al adoptar un enfoque proactivo para el aprendizaje, la experimentación y la participación de la comunidad, estará bien equipado para navegar por el panorama en rápida evolución y continuar creando experiencias de usuario excepcionales que amplían los límites de la posibilidad.

Descargo de responsabilidad del contenido:

Descargo de responsabilidad del contenido asistido por IA:

El contenido de este libro se ha generado con la ayuda de modelos de lenguaje de inteligencia artificial (IA) como CHatGPT y Llama. Si bien se han realizado esfuerzos para garantizar la precisión y relevancia de la información provista, el autor y el editor no ofrecen garantías con respecto a la integridad, confiabilidad o idoneidad del contenido para un propósito específico. El contenido generado por IA puede contener errores, inexactitudes o información desactualizada, y los lectores deben tener cuidado y verificar de forma independiente cualquier información antes de confiar en ella. El autor y el editor no se hacen responsables de las consecuencias que surjan del uso o la confianza en el contenido generado por IA en este libro.

Descargo de responsabilidad general:
Usamos herramientas de generación de contenido para crear este libro y obtenemos una gran cantidad de material de herramientas de generación de texto. Ponemos a disposición material y datos financieros a través de nuestros Servicios. Para hacerlo, confiamos en una variedad de fuentes para recopilar esta información. Creemos que estas son fuentes confiables, creíbles y precisas. Sin embargo, puede haber ocasiones en que la información sea incorrecta.
NO HACEMOS DECLARACIONES NI DECLARACIONES EN CUANTO A LA EXACTITUD, INTEGRIDAD O VERACIDAD DE CUALQUIER MATERIAL CONTENIDO EN NUESTRO libro. TAMPOCO SEREMOS RESPONSABLES DE

Además de lo anterior, es importante tener en cuenta que los modelos de lenguaje como ChatGPT se basan en técnicas de aprendizaje profundo y se han entrenado en grandes cantidades de datos de texto para generar texto similar al humano. Estos datos de texto incluyen una variedad de fuentes, como libros, artículos, sitios web y mucho más. Este proceso de entrenamiento permite que el modelo aprenda patrones y relaciones dentro del texto y genere resultados que sean coherentes y contextualmente apropiados.

Los modelos de idioma como ChatGPT se pueden usar en una variedad de aplicaciones, que incluyen, entre otras, servicio al cliente, creación de contenido y traducción de idiomas. En el servicio de atención al cliente, por ejemplo, los modelos lingüísticos se pueden utilizar para responder a las consultas de los clientes de forma rápida y precisa, lo que libera a los agentes humanos para que se encarguen de tareas más complejas. En la creación de contenido, los modelos de lenguaje se pueden usar para generar artículos, resúmenes y subtítulos, lo que ahorra tiempo y esfuerzo a los creadores de contenido. En la traducción de idiomas, los modelos de idiomas pueden ayudar a traducir texto de un idioma a otro con gran precisión, lo que ayuda a romper las barreras del idioma.

Sin embargo, es importante tener en cuenta que, si bien los modelos de lenguaje han logrado grandes avances en la generación de texto similar al humano, no son perfectos. Todavía existen limitaciones en la comprensión del contexto y el significado del texto por parte del modelo, y puede generar resultados incorrectos u ofensivos. Como tal, es importante usar los modelos de lenguaje con precaución y verificar siempre la precisión de los resultados generados por el modelo.

Descargo de responsabilidad financiera

Este libro está dedicado a ayudarlo a comprender el mundo de las inversiones en línea, eliminar cualquier temor que pueda tener sobre cómo comenzar y ayudarlo a elegir buenas inversiones. Nuestro objetivo es ayudarlo a tomar el control de su bienestar financiero al brindarle una sólida educación financiera y estrategias de inversión responsable. Sin embargo, la información contenida en este libro y en nuestros servicios es solo para fines educativos y de información general. No pretende sustituir el asesoramiento legal, comercial y/o financiero de un profesional con licencia. El negocio de la inversión en línea es un asunto complicado que requiere una diligencia debida financiera seria para cada inversión a fin de tener éxito. Le recomendamos enfáticamente que busque los servicios de profesionales calificados y competentes antes de realizar cualquier inversión que pueda afectar sus finanzas. Esta información se proporciona en este libro, incluida la forma en que se hizo, denominados colectivamente como los "Servicios".

Tenga cuidado con su dinero. Solo use estrategias con las que ambos entiendan los riesgos potenciales y se sientan cómodos. Es su responsabilidad invertir sabiamente y salvaguardar su información personal y financiera.

Creemos que tenemos una gran comunidad de inversionistas que buscan lograr y ayudarse mutuamente a lograr el éxito financiero a través de la inversión. En consecuencia animamos a la gente a comentar en nuestro blog y posiblemente en el futuro nuestro foro. Muchas personas contribuirán en este asunto, sin embargo, habrá momentos en que las personas proporcionen información engañosa, engañosa o incorrecta, sin quererlo o no.

NUNCA debe confiar en la información u opiniones que lea en este libro, o cualquier libro al que podamos vincularnos. La información que lea aquí y en nuestros servicios debe usarse como punto de partida para su PROPIA INVESTIGACIÓN en varias empresas y estrategias de inversión para que pueda tomar una decisión informada sobre dónde y cómo invertir su dinero.

NO GARANTIZAMOS LA VERACIDAD, CONFIABILIDAD O INTEGRIDAD DE CUALQUIER INFORMACIÓN PROPORCIONADA EN LOS COMENTARIOS, FORO U OTRAS ÁREAS PÚBLICAS DEL libro O EN CUALQUIER HIPERVÍNCULO QUE APARECE EN NUESTRO libro.

Nuestros Servicios se brindan para ayudarlo a comprender cómo tomar buenas decisiones financieras personales y de inversión. Usted es el único responsable de las decisiones de inversión que tome. No seremos responsables de ningún error u omisión en el libro, incluidos los artículos o publicaciones, los hipervínculos incrustados en los mensajes o los resultados obtenidos del uso de dicha información. Tampoco seremos responsables de ninguna pérdida o daño, incluidos los daños emergentes, si los hubiere, causados por la confianza del lector en la información obtenida a través del uso de nuestros Servicios. Por favor, no utilice nuestro libro si no acepta la responsabilidad por sus acciones.

La Comisión de Bolsa y Valores de EE. UU. (SEC) ha publicado información adicional sobre el fraude cibernético para ayudarlo a reconocerlo y combatirlo de manera efectiva. También puede obtener ayuda adicional sobre esquemas de inversión en línea y cómo evitarlos en los siguientes libros: http://www.sec.gov y http://www.finra.org, y http://www.nasaa.org estas son organizaciones creadas para ayudar a proteger a los inversores en línea.

Si elige ignorar nuestros consejos y no realiza una investigación independiente de las diversas industrias, empresas y acciones, tiene la intención de invertir y depender únicamente de la información, los "consejos" o las opiniones que se encuentran en nuestro libro; acepta que ha hecho una decisión consciente y personal de su propia voluntad y no intentará responsabilizarnos por los resultados de la misma bajo ninguna circunstancia. Los Servicios ofrecidos en este documento no tienen el propósito de actuar como su asesor de inversiones personal. No conocemos todos los datos relevantes sobre usted y/o sus necesidades individuales, y no declaramos ni afirmamos que ninguno de nuestros Servicios sea adecuado para sus necesidades. Debe buscar un asesor de inversiones registrado si busca asesoramiento personalizado.

Enlaces a otros sitios. También podrá vincular a otros libros de vez en cuando, a través de nuestro Sitio. No tenemos ningún control sobre el contenido o las acciones de los libros a los que enlazamos y no seremos responsables de nada que ocurra en relación con el uso de dichos libros. La inclusión de cualquier enlace, a menos que se indique expresamente lo contrario, no debe verse como un respaldo o recomendación de ese libro o las opiniones expresadas en él. Usted, y solo usted, es responsable de hacer su propia diligencia debida en cualquier libro antes de hacer negocios con ellos.

Exenciones de responsabilidad y limitaciones: bajo ninguna circunstancia, incluida, entre otras, la negligencia, nosotros, nuestros socios, si los hubiere, o cualquiera de nuestras afiliadas, seremos responsables, directa o indirectamente, de cualquier pérdida o daño, que surja de, o en relación con, el uso de nuestros Servicios, incluidos, entre otros, daños directos, indirectos, consecuentes, inesperados, especiales, ejemplares u otros que puedan resultar, incluidos, entre otros, pérdidas económicas, lesiones, enfermedades o muerte o cualquier otro tipo de pérdida o daño, o reacciones inesperadas o adversas a las sugerencias contenidas en este documento o que de otro modo se le hayan causado o supuestamente se le hayan causado en relación con el uso de cualquier consejo, bienes o servicios que reciba en el Sitio, independientemente de la fuente, o cualquier otro libro que haya visitado a través de enlaces de nuestro libro, incluso si se le advierte de la posibilidad de tales daños.

Es posible que la ley aplicable no permita la limitación o exclusión de responsabilidad o daños incidentales o consecuentes (incluidos, entre otros, la pérdida de datos), por lo que es posible que la limitación o exclusión anterior no se aplique a usted. Sin embargo, en ningún caso la responsabilidad total hacia usted por todos los daños, pérdidas y causas de acción (ya sea por contrato, agravio o de otro tipo) excederá la cantidad que nos pagó, si corresponde, por el uso de nuestro Servicios, si los hubiere. Y al usar nuestro Sitio, usted acepta expresamente no tratar de responsabilizarnos por las consecuencias que resulten de su uso de nuestros Servicios o la información proporcionada en ellos, en cualquier momento o por cualquier motivo, independientemente de las circunstancias.

Descargo de responsabilidad de resultados específicos. Estamos dedicados a ayudarlo a tomar el control de su bienestar financiero a través de la educación y la inversión. Brindamos estrategias, opiniones, recursos y otros Servicios que están diseñados específicamente para reducir el ruido y la exageración para ayudarlo a tomar mejores decisiones de inversión y finanzas personales. Sin embargo, no hay forma de garantizar que ninguna estrategia o técnica sea 100% efectiva, ya que los resultados variarán según el individuo y el esfuerzo y compromiso que haga para lograr su objetivo. Y, lamentablemente, no te conocemos. Por lo tanto, al usar y/o comprar nuestros servicios, usted acepta expresamente que los resultados que recibe del uso de esos Servicios dependen exclusivamente de usted. Además, también acepta expresamente que todos los riesgos de uso y las consecuencias de dicho uso serán asumidos exclusivamente por usted. Y que no intentará responsabilizarnos en ningún momento ni por ningún motivo, independientemente de las circunstancias.

Según lo estipulado por la ley, no podemos y no ofrecemos ninguna garantía sobre su capacidad para lograr resultados particulares mediante el uso de cualquier Servicio adquirido a través de nuestro libro. Nada en esta página, nuestro libro o cualquiera de nuestros servicios es una promesa o garantía de resultados, incluido que ganará una cantidad de dinero en particular o cualquier cantidad de dinero, también comprende que todas las inversiones conllevan algún riesgo y en realidad puede perder dinero mientras invierte. En consecuencia, los resultados indicados en nuestro libro, en forma de testimonios, estudios de casos u otros, son solo ilustrativos de conceptos y no deben considerarse resultados promedio o promesas de desempeño real o futuro.